현장 혁신 ABC ①

현장 혁신을 위한

개선기법 ABC

김창남 지음

KSAM 한국표준협회미디어

머리말

　회사 생활을 하는 사람이면 누구나 문제라는 것에 부딪치기 마련이고, 이를 해결하기 위하여 혼자 또는 직장동료 간에 머리를 맞대고 고민해본 경험이 있을 것이다. 이렇게 많은 문제를 접하면서 기업은 새롭게 변화하는 것 같다. 그렇다면 과연 '문제'란 무엇일까? 만약 필자에게 한마디로 대답하라고 하면 '뜻대로 되지 않는 것'이라고 말하고 싶다. 세상을 살면서 누구나가 바라는 것이 있지만 그것이 바라는 대로 실현되는 경우도 있을 것이고, 그렇지 않은 경우도 있을 것이다. 조금 더 구체적으로 이야기하자면 문제란 '기대치와 현실치의 차이', '목표와 실적의 차이', '계획과 결과의 차이' 등으로 정의할 수 있다. 또한 문제의 형태도 논리적 문제와 창조적 문제로 나눠서 생각해 볼 수 있다.

　주로 학창시절에는 논리적인 문제를 푸는 반면, 사회에 발을 내딛으면서부터는 창조적인 문제를 풀게 된다. 논리적인 문제의 특징은 공식이 있고 정답이 있지만 창조적인 문제는 특별한 공식이 없으며 정답 또한 없다. 때에 따라서는 정답이 여러 개일 수도 있다. 이렇게 우리는 매일매일 직장에서 정답풀기가 어려운 창조적인 문제를 대하면서 고민을 하고 시달림을 받는다. 그렇다면 어떻게 해야 이런 어려운 문제를 쉽게 풀 수 있을까?

필자는 문제해결에 있어서 무엇보다 중요한 것은 '문제해결에 간접적으로 도움을 받을 수 있는 도구를 가졌느냐'라고 생각한다. 전쟁이란 문제에서 바라는 기대치는 모두가 승리일 것이다. 그런 데 승리하기 위해서는 어떻게 해야 하는가? 전략에 능통한 지휘관 도 필요하지만 전략을 실현하기 위한 각종 무기 또한 반드시 필요 한 요소다. 적군은 최신형 미사일과 항공기, 군함으로 무장하고 있 는데, 아군은 변변한 무기 하나 지니지 못했다면 승리의 여신은 누 구의 손을 들어 주겠는가. 결과는 너무도 뻔하다. 물론 병사들의 정신적인 무장도 중요하겠지만 아무리 훌륭한 병사라도 맨몸으로 싸우는 것과 총이나 칼, 수류탄 등과 같은 무기들로 무장했을 때와 는 분명 다른 결과를 낳을 것이다. 이와 같이 전쟁에서 승리하기 위해서는 다양한 무기가 필요하듯이, 우리가 매일 고민하는 창조 적인 문제해결을 위해서도 '개선기법'이란 무기가 반드시 필요 하다.

이 책에는 바로 문제해결을 위해 필요한 각종 기법들이 소개되 어 있다. 문제해결의 구구단과 같은 QC 7가지 기법과 신 QC 7가지 기법을 사용목적과 방법, 실무사용 등 실례를 통해 누구나 쉽게 활용할 수 있도록 구성하였으며, 문제해결의 Key라 할 수 있는 아이디어 발상기법 중 실무에 적용하기 쉬운 기법들만을 선별하여 수록하였다.

아이디어 발상이란 현대사회에 있어, 기업의 사활을 좌지우지할 수 있는 중요한 요소이며, 많은 기업들이 새로운 블루오션을 찾기 위해 고군분투하는 작금에 있어 획기적인 아이디어야말로 사막의 오아시스와 같은 존재라고 할 수 있다. 그렇기 때문에 필자는 평소

지하철이나 거리에서 수집한 천 원 정도의 저가 상품 중 아이디어 상품들을 엄선해 그 사례를 소개함으로써 아이디어 발상이 이론에 그치는 것이 아니라 실현가능한 것임을 밝히기 위해 노력하였다.

또한 최근 문제해결 기법으로 많은 기업에서 활용하고 있는 6시그마에 대해서도 현장 분임조원이 쉽게 이해할 수 있도록 구성하였다. 따라서 이 책을 통해 문제해결에 도움을 줄 수 있는 다양한 기법들을 새로이 학습하고 활용함으로써 창조적인 문제해결에 있어 자신감을 가질 수 있기를 바란다.

끝으로 이 책을 출간할 수 있도록 지원해주신 한국표준협회미디어 사장님과 한병식 이사님에게 감사의 인사를 전하며, 매번 책을 집필할 때마다 고생을 함께 해준 아내 백혜정과 타이핑을 열심히 도와준 민규, 가연에게도 감사의 마음과 사랑을 전하고 싶다.

2015년 8월
저자 김 창 남

차 례

Chapter 03. 신QC 7가지 기법 / 103

Chapter 04. 아이디어 발상법 / 147

Chapter 05. 각종 개선기법 / 187

Chapter 01

문제해결과 개선기법

① 문제의식과 해결

1. 문제의식

'문제'란 무엇일까? 동일한 현상을 보고도 어떤 사람은 문제로 보는 반면에 또 어떤 사람은 전혀 문제라고 생각하지 않는다. 왜 그럴까? 이는 현상을 바라보고 판단하는 기준이 다르기 때문이다.

문제는 간단하게 말하면, '이상과 현실의 차이(gap)'다. 내가 바라는 상황과 눈앞에 펼쳐진 상황이 다르면, 이를 문제라고 보면 된다. 문제를 우리의 업무와 연결시켜 말하면, '목표와 실적의 차이'라고 할 수 있다.

문제를 이렇게 정의하면 우리 주변에는 무수히 많은 문제들이 존재하고 있음을 알 수 있다. 문제를 문제로 인식하면 문제는 해결될 수 있지만 그렇지 못하면 영원한 숙제로 남게 된다. 일반적으로 문제의식을 갖고 있는 개인이나 회사는 이를 해결하기 위해 끊임없이 노력하고 있다. 하지만 그렇지 못한 개인이나 회사는 문제조차 인식하지 못한 채 시장에서 사라지고 있는 것이 우리의 현실이다.

2. 문제의식을 저해하는 10가지 장벽

1) 현재 실시하고 있는 것이 모두 잘 되어가고 있다고 믿는다.

2) 자기 부서 또는 자기 일밖에 생각하지 않는다.

3) 지금 하는 방법이 최고라고 믿는다.

4) 할 수 없다는 이유 또는 변명만 내세운다.

5) 사실을 제대로 파악하지 못하고 있다.

6) 의욕이 없고, 체념적이며 될 대로 되라는 분위기다.

7) 다른 부서의 나쁜 점만 지적하고, 무슨 일이든 남의 탓으로 돌린다.

8) 언제나 육감으로 판단하고, 데이터로 사물을 관찰하지 않는다.

9) 관리항목이나 목표치가 명확하지 않다.

10) 경영층이 높은 도전과제나 목표를 부여하고 있지 않다.

3. 문제해결 과정

함께 일하는 사람들 사이에 문제에 대한 공감대가 형성됐다면 이제는 문제를 어떻게 없앨 것인가에 대해 고민해야 한다. 문제해결단계는 〈그림 1-1〉과 같이 크게 3단계로 구분할 수 있다. 첫째, 관점을 바꿔 현상이나 사물이 갖고 있는 문제가 무엇인지를 인식한다. 둘째, 문제의 성질과 이를 발생시키는 요인이 무엇인지 찾아낸다. 셋째, 가장 중요한 요인이라고 생각되는 사항에 대한 개선대책을 수립해 실행한다.

〈그림 1-1〉 문제해결단계

문제가 보이면 당장 없애고 싶지만 문제는 잘 보이지도 않고, 여간해서는 완전히 사라지지 않는 고약한 특성을 지니고 있다. 그래서 문제인식단계에서 고민만 하다가 포기하는 경우도 많이 발생한다. 이런 상황을 반복하지 않기 위해서는 어떤 도움을 받아야 한다. 쥐를 잡기 위해서는 쥐덫과 같은 도구가 필요하듯이 문제해결에서도 문제를 좀더 쉽게 해결할 수 있는 도구가 필요하다. 이 도구가 바로 QC 7가지 기법, 신QC 7가지 기법, 아이디어 발상법 등이다.

4. QC적 문제해결 10가지 지침

지침1) 문제가 없다는 것은 거짓말이다. 문제는 어디에나 있다. 문제의식을 가져라!

지침2) 100번의 육감보다 올바른 데이터로 사실을 정확히 파악하라!

지침3) 맨손으로는 이길 수 없다. 개선기법을 효과적으로 철저하게 활용하라!

지침4) 업무실력을 연마하고 기술과 경험, 육감을 구사하라!

지침5) 건너뛰는 것은 무리다. 문제해결순서를 착실히 밟으면서 추진하라!

지침6) 요인을 철저히 해석하라. 그 다음에 대책을 세워도 늦지 않다!

지침7) 컴퓨터는 아이디어를 만들지 못한다. 사람의 지혜는 무한하다. 창의성을 발휘하는 데 힘써라!

지침8) 포기하면 안 된다. 좌절하지 말고 근성을 발휘해 관철시켜라!

지침9) 합리적으로 추진하지 않으면 낭비와 불균형, 산포가 생긴다. QC적 사고방식으로 추진하라!

지침10) 한 사람은 약하지만 그룹의 힘은 강하다. 그룹을 만들어 모든 사람의 힘을 결집하라!

5. 문제해결 원칙

1) 유지개선 반복

(1) 유지 : 작업이나 사무 안정화를 도모하고, 품질관리를 일정한 수준으로 유지시키는 활동

(2) 개선 : 작업이나 사무 상황을 개선해 품질을 기대수준으로 또는 그 이상으로 높이는 활동

2) 사실관리

억측이나 주관으로 판단하지 말고, 데이터를 수집한 다음에 사실에 따라 분석하고 행동한다.

3) 산포관리

피할 수 없는 원인에 의한 산포와 피할 수 있는 원인에 의한 산포는 통계적 방법을 활용해 그 차이를 객관적이고 경제적으로 식별할 수 있다. 대표적인 것이 QC 7가지 기법 중 관리도다.

4) 관리 사이클(PDCA)

(1) 작업목적과 그것을 달성하는 방법(작업표준 등)을 결정한다.

(2) 기준에 따라 작업을 실시한다. 여기에는 작업표준 관련 교육과 훈련, 작업결과와 관련한 데이터 취합 등이 포함된다.

(3) 표준에 따라 작업을 실시하고 있는지, 작업방식이나 작업결과를 점검한다.

(4) 작업이 기준에서 벗어나 있으면 수정조치를 취한다. 공정에 이상이 나타나면 그 원인을 찾아 대책을 수립해 실시한다.

5) 중점지향

가장 큰 원인에 대한 조치를 중점적으로 취하지 않으면 문제를 효과적으로 해결할 수 없다.

6) 공정관리

데이터를 취합해 공정상태를 파악하고, 공정상태의 특성치가 목표치와 다를 경우, 그 요인을 발견하고 이를 해결할 최적조건을 구해 대책으로 실시하여 관리한다.

7) 표준화

'개선은 표준화로 끝나고, 유지는 표준화로부터 시작된다.' 즉 표준화는 개선과 유지의 가교역할을 한다.

8) 재발방지

임기응변식의 조치가 아니라 이상원인의 재발방지를 위한 대책을 실시해야 한다.

6. 문제해결 마음가짐

1) 모든 것을 긍정적으로 생각한다.
2) 문제해결이 가능하다는 확신을 갖는다.
3) 씨 뿌리는 노력은 당연한 것이라고 생각한다.

4) 정리・정돈・청결・청소는 문제해결의 전제다.

5) 비용과의 균형을 생각한다.

6) 3현주의(현장, 현물, 현시)를 원칙으로 한다. 즉시 현장으로 가서 현물(사실)을 확인한 후, 즉각 대책을 실시한다.

7) 집단 사고방식을 활용한다.

7. 문제해결에 강한 사람

회사에는 문제해결에 강한 사람이 있기 마련이다. 이런 사람들은 확실히 자기 내부에 '그 무엇인가'를 갖고 있는 경우가 많다. 이들의 '그 무엇'이 무엇인지를 알아보고, 'QC적 문제해결방법에 강한 사람의 이상형'을 그려보자.

1) 문제발견의 명수다

문제해결에 강한 사람들은 우선 강한 문제의식을 갖고 있을 뿐만 아니라 문제발견 요령이나 스스로 개발한 노하우를 지니고 있다. 어느 회사의 유능한 현장 과장은 자신의 직무를 충실히 수행하기 위해 '현장 품질점검 필수 포인트'(〈표 1-1〉 참조)라는 자신만의 관리항목을 세워 문제를 찾아내고 있다.

〈표 1-1〉 현장 품질점검 필수 포인트

항목		점검 포인트
Q	품질	부적합내역, 원인, 유형, 라인, 작업자, 측정오차, 표준, 에너지 절약
C	가격	재료비, 잔업, 에너지사용, 소모품비,
D	납기	클레임, 부적합품률, 작업오류, 공정능력
S	안전	안전, 화재, 피로도, 작업능률
M	사기	의욕, 근태, 열정, 고충
P	생산성	생산량, 수율, 공수, 납기, 기계능력

2) 정석을 알고 있다

문제해결 정석은 과학적 접근방법 순서를 정확히 지키는 것을 말한다. 이것이 습관처럼 몸에 배어 있어야 문제를 해결할 수 있다.

3) 문제해결기법에 정통하다

기법을 제대로 알고 있어 문제유형에 따라 적절한 기법을 취사선택해 사용할 수 있는 실력을 갖고 있다.

4) 사실을 중시한다

사실에는 현재적 사실과 잠재적 사실, 예측적 사실(OR: Operational Research) 등이 있는데 문제해결에 강한 사람은 모든 것을 사실에 따라 판단하고 이야기한다. 사실을 가장 중시한다.

5) 정열을 갖고 있다

항상 의욕과 정열에 불타 있으며, 정열로 사람들을 이끌어 나간다.

8. 개선의욕을 높이는 방법

개선의욕을 갖기 위해서는 우선 남과 달라야 한다. 자기 본연의 업무를 처리하기에도 바쁜데 추가적으로 현재 상태를 돌아보고 더 좋은 방법을 고민하는 것은 말로는 쉽다. 하지만 이를 일상생활화, 습관화하기 위해서는 자기와의 치열한 싸움이 동반되어야 가능하다. 인내와 고통을 이겨낸 사람만이 남보다 나아질 수 있고, 인생에서도 성공하게 된다. 개선의욕을 높이는 방법은 사람에 따라 차이가 있지만 공통적으로 적용될 수 있는 것을 몇 가지만 추려 제시하면 다음과 같다.

1) 주인의식을 갖는다

주인의식을 갖는다는 것은 모든 것을 내 것으로 보라는 뜻이다. 만약 자신이 작은 가게를 차렸다면, 손님을 맞이하는 방법, 청결유지 방법, 제품의 맛(품질)을 높이는 방법, 다른 가게의 운영방법 등등에 대해 누가 시키지 않아도 스스로 고민하게 된다. 반면, 어느 가게의 종업원으로 일하게 된다면? 그때는 월급이 적절한지, 손님이 적게 와서 하루를 편하게 보냈으면 좋겠다든지, 하루가 빨리 지나갔으면 좋겠다든지 등 주인과 종업원은 같은 상황에 있지만 생각에 있어 차이가 발생하게 된다. 모든 것을 내 것으로 보면, 평소에 인식하지 못했던 많은 문제가 보이기 시작한다. 자신이 직접 운전을 하면서 모르는 길을 찾아간 사람과 조수석에 앉아 지켜본 사람은 똑같은 길을 다시 찾아갈 때 엄청난 차이가 생긴다.

2) 개선 관련 서적을 탐독한다

성경말씀에 '두드리면 열리리라'는 말이 있다. 이는 내가 알고 싶은 것이 있으면 그것에 관심을 보이고 행동으로 옮겨야 비로소 알게 된다는 것이라고 해석할 수 있다. 인터넷 게임에 관심이 있는 사람은 인터넷을 검색해 새로운 게임을 찾아내고, 직접 해보면서 게임원리를 터득한다. 하지만 여기에 관심이 없는 사람은 그런 게임이 있는지도 모른다. 개선활동도 마찬가지다. 개선활동에 관심이 있다면 관련 서적을 읽고 이를 실천으로 옮겨야 한다. 그렇게 하다보면 자기도 모르는 사이에 개선전문가가 되어 있을 것이다.

3) 벤치마킹을 실시한다

정보화 사회에서는 자신뿐 아니라 타사, 더욱이 경쟁사의 우수기업이 어떻게 하고 있는지를 아는 것이 필수적이다. 자기가 아무리 똑똑해도 모든 면에서 남보다 나을 수는 없다. 자신이 갖고 있지 못한 또는 부족한 부분을 찾기 위해서는 벤치마킹을 하는 것이 좋다. 가능하면 우수기업을 방문해 직접 면담하는 것이 좋다. 여의치 않을 때는 교육전문기관에서 실시하는 벤치마킹 프로그램에 참여하는 것도 좋다. 이것도 어렵다면 각종 매체(인터넷, 신문, 서적, 잡지, 화보 등)를 관심 있게 찾아보면 좋은 정보를 얻을 수 있다.

9. 낭비요소 우선 제거

낭비요소 제거는 모든 회사가 최소화하려고 부단히 노력하는 사항 중 하나다. 도요타자동차의 '마른 수건도 다시 짜자'라는 슬로건이 이를 단적으로 보여준다. 낭비가 발생하는 가장 근본원인은 '관리부재'라 할 수 있다. 좀더 풀어 이야기하면, 우리가 현재 얼마만큼 갖고 있고, 얼마만큼이 적정량인가 하는 기준이 없다. 이는 물품뿐만 아니라 업무나 작업에서도 마찬가지다.

일을 할 때는 어느 정도의 시간이 소요되는지를 정하고, 일이나 작업량에 따라 자원을 배분해야 한다. 하지만 우리나라 기업 대부분은 그저 열심히 몸을 움직이거나 자리를 지키고 있으면 일을 잘하는 것으로 인식하고 있다. 즉, 낭비가 계속 발생하는데도 이를 인식하지 못하고 일을 하고 있다. 모든 기업이 다 그런 건 아니지만 업무나 작업시간에 대한 표준시간(Standard Time)조차 정해져 있지 않은 기업도 다수다.

낭비요소를 제거하기 위해서는 우선, 물품(원자재, 부자재, 소모품, 브로슈어, 카탈로그 등)에 대한 적정재고를 정하고, 주기적으로 재고실사를 실시해야 한다. 일본에서 성공한 도요타생산시스템(TPS: Toyota Production System)의 기본원리 또한 제고 제로

(zero)화에 있다. 이는 필요한 양만큼 자재를 청구하고 주문량만큼만 생산한다는 단순한 이론이다. 어렵게 이야기하면 미는(push) 방식이 아닌, 당기는(pull) 방식으로 생산하는 것이다.

낭비요소에 대해 생각했으면, 다음에는 업무의 능률을 생각해봐야 한다. 내가 지금하고 있는 일이나 작업방법이 최선인가? 다른 회사는 어떻게 하고 있는가? 부가가치가 없는 일을 최소화하고 있는가? 등을 항상 염두에 두고 일을 하면, 많은 낭비요소가 저절로 보이고, 저절로 없어지게 될 것이다.

② 개선기법의 역할

1. 기법사용의 목적

문제해결에 있어 기법(또는 도구, tool)의 역할은 대단히 중요하다. 하지만 기법이 모든 문제를 저절로 해결해주지는 않는다. 대부분의 사람들이 기법만 알면 문제가 저절로 해결된다고 생각(또는 착각)하고 문제를 해결할 때 기법을 남용하는 것을 볼 수 있다. 그런데 기법공부를 하다보면 알게 되겠지만 완벽한 기법은 없다. 수많은 기법들마다 각각의 장점이 있는 동시에 단점(또는 한계)이 있다. 또한 기법은 문제해결을 위한 수단이지 목적이 아니다. 못을 박기 위해 망치를 사용하듯이 문제를 해결하기 위해 기법을 사용한다. 그래서 망치 스스로 못을 박을 수 없듯이 기법이 모든 문제를 해결해 주지는 않는다. 따라서 기법을 사용할 때 우리가 간과해서는 안 되는 것은 기법은 기법 자체가 목적이 아니라는 것, 그리고 기법을 사용하기 위해서는 기법의 역할과 한계를 충분히 이해하고 활용해야 한다는 것이다.

그렇다면 기법을 사용하는 목적은 무엇일까? 사무실이나 현장에서 문제를 해결할 경우 우선은 개인이나 집단의 경험을 바탕으로 문제를 해결하게 된다. 하지만 사안에 따라 경험만으로는 논리적인 판단이 부족할 때가 있다. 이때 기법을 접목해 활용하면 좀

더 적은 노력으로 또는 좀더 쉽게 유용한 또는 효과적인 성과를 얻을 수가 있다. 특히, 문제해결에 있어 통계적 사고가 필요한 부분에서 QC기법은 우리에게 매우 유용한 정보를 제공해주며, 이를 통해 현상을 정확히 파악하거나 의사결정에 있어 오류를 최소화해주는 진가를 발휘한다. 이것이 바로 기법의 역할이며, 궁극적 사용목적이다.

2. 기법의 이해

기법의 사용목적을 충분히 이해했으면 다음으로는 기법의 정확한 사용방법을 이해해야 한다. 과학기술이 날로 발전하면서 생활의 편리함으로 증진시켜주는 많은 상품들이 하루가 멀다 하고 시중에 쏟아져 나오고 있다. 이런 편리한 도구들을 적재적소에 활용하면 생활이 편리해지고 업무의 부가가치 또한 극대화된다. 그런데 이것의 사용방법을 제대로 모르거나 익숙해지지 않으면 아무리 좋은 상품이라도 무용지물이 될 수밖에 없다. 최신 핸드폰을 구매하고는 핸드폰 내에 내장된 카메라나 MP3 파일 재생기능, DMB 기능 등은 사용하지 않고 전화나 문자만을 사용한다면 최신 핸드폰을 구입한 의미가 없다. 문제해결에 있어서도 마찬가지다.

개선기법의 사용용도와 방법에 대한 이해가 전제되지 않고서 개선기법을 사용한다는 것은 의미가 없다. 기법을 제대로 활용하기 위해서는 개선기법의 사용용도와 방법에 대한 이해가 필수적이다. 그렇지 않으면 기법의 일부분만 사용하거나 제대로 사용하지 못해 기법이 갖고 있는 장점을 충분히 활용할 수가 없고, 올바른 문제해결을 하지 못하게 된다. 특히 문제해결에 있어 가장 기본적이며 필수적인 기법이 'QC 7가지 기법'이다. 이를 모르고 문제를 해결하는 것은 구구단을 모르고 방정식을 푸는 것과 마찬가지임을 명심해야 한다.

3. QC 7가지 기법 활용방법

문제해결에 있어 'QC 7가지 기법'과 '신QC 7가지 기법'은 가장 기본이 되는 기법이다. 개선활동 참여자라면 누구나 이 기법 정도는 확실하게 숙지해 활용할 수 있는 능력을 갖춰야 한다. 이 기법을 제대로 이해하려고 노력하지 않고 문제를 해결하려고 하는 것은 씨앗을 뿌리는 노력 없이 맛있는 열매를 기대하는 것과 같다. 이 세상에 어떤 기법도 저절로 문제를 해결해주지 않는다. 기법을 사용하는 사람이 기법을 숙지하고 적재적소에 활용할 때 기법은 비로소 생명력을 갖게 된다.

QC 7가지 기법은 데이터 중에서도 수치로 된 데이터를 정리하는 데 유용하게 활용할 수 있다. 데이터의 크기 비교나 추이, 수집된 데이터의 모양(산포나 평균치), 어떤 원인변수와 결과특성치 간의 상관관계 등을 찾아내는 데 유용하다. 하나 예외로 언어 데이터를 가공하는 '특성요인도'라는 기법이 포함되어 있다. 이 기법은 어떤 문제에 대한 원인을 찾아내는 데 많이 활용된다. 각 기법의 활용용도를 간략히 정리하면 〈표 1-2〉와 같다.

〈표 1-2〉 QC 7가지 기법 활용용도

번호	기법	활용 포인트
1	그래프(관리도)	데이터를 도형으로 나타내어 수량의 크기를 비교하거나 수량이 변화하는 상태를 알기 쉽게 찾아내기 위한 방법(관리도는 공정의 안정 상태를 파악하는 데 유용)
2	파레토도	데이터를 항목별로 분류해 정리한 후 크기 순으로 나열하여 가장 큰 문제가 무엇인지를 찾아내는 방법
3	층별(層別)	여러 개의 문제(데이터)를 어떤 특징에 따라 몇 개의 그룹으로 구분해 그 특징이 품질에 미치는 영향 정도를 파악하는 방법
4	히스토그램(柱狀圖)	모집단으로부터 취한 데이터를 갖고 모집단의 모습(분포의 모양, 중심위치, 산포의 크기)을 파악하는 방법
5	산점도(散點圖)	짝을 이룬 2개의 데이터를 기입해 데이터 간의 관계를 보는 그래프. 부적합이라는 결과와 그 원인이라고 생각되는 것 사이에 어떤 인과관계가 있는지를 사실에 입각한 데이터를 통해 해석하는 방법
6	체크시트	사전에 설계된 시트에 얻고자 하는 정보(숫자, 현상)를 기재하여 데이터를 간단하게 정리하는 방법
7	특성요인도(特性要因圖)	특성(결과)과 요인(원인)과의 관계를 그림으로 그려 계통적으로 표시하는 방법

　　'신QC 7가지 기법'은 주로 언어 데이터를 정리하는 데 주로 사용되는 기법이다. 원인과 결과가 복잡하게 얽혀있는 문제를 한눈에 쉽게 볼 수 있도록 정리할 때, 목적을 달성하기 위한 수단을 정리할 때, 또는 문제해결에 있어 발생할 수 있는 여러 상황을 미리 예측할 때 사용한다. 예외로 수치 데이터를 가공하는 '매트릭스데이터해석법'이 하나 포함되어 있다. 기법별 활용용도를 간략히 정리하면 〈표 1-3〉과 같다.

〈표 1-3〉 신QC 7가지 기법 활용용도

번호	기 법	활 용 포 인 트
1	연관도법(聯關圖法)	요인이 복잡하게 얽혀있는 문제의 인과관계를 명확히 함으로써 적절한 해결책을 찾는 방법
2	친화도법(親和圖法)	혼돈된 상태에서 수집한 언어 데이터들을 데이터 사이의 친화성을 바탕으로 묶어 해결해야 할 문제를 명확히 하는 방법
3	계통도법(系統圖法)	목적을 성취할 수 있는 최적 수단을 계통적으로 찾아나가는 방법

4	매트릭스도법 (Matrix圖法)	다원적사고(多元的思考)를 통해 문제점을 명확히 하는 방법. 즉 문제가 갖고 있는 사상이나 사항들의 요소들을 매트릭스로 조합해 문제해결의 실마리를 찾는 방법
5	매트릭스데이터해석법 (Matrix Data 解析法)	매트릭스도에 배열된 많은 변수간의 상관관계를 수치 데이터로 알아보기 쉽게 정리하는 방법
6	PDPC법(Process Decision Program Chart : 과정결정계획도)	상황의 진전과 더불어 여러 가지 결과가 예상되는 문제에 대해서 바람직한 결과에 이르는 프로세스를 결정하는 방법
7	애로우 다이어그램법 (Arrow Diagram法)	가장 알맞은 일정계획을 세워 효율적으로 일의 진도를 관리하는 방법으로, OR 기법인 PERT(Program Evaluation and Review Technique) 및 CPM (Critical Path Method)을 응용한 방법

Chapter 02

QC 7가지 기법

QC 7가지 기법은 수치 데이터를 정리하기 위한 기법으로 파레토도, 층별, 특성요인도, 체크시트, 히스토그램, 산점도, 그래프 및 관리도로 구성되어 있다. 이 기법들은 독립적으로 사용할 수도 있고, 경우에 따라서는 서로 혼합하여 사용함으로써 문제해결의 효율을 도모할 수 있다. QC 7가지 기법의 구성요소를 그림으로 나타내면 〈그림 2-1〉과 같다.

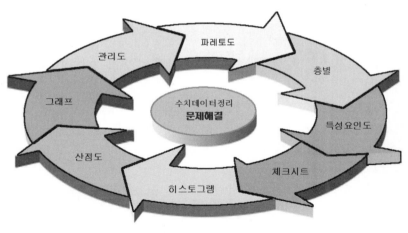

〈그림 2-1〉 QC 7가지 기법 구성요소

① 파레토도(Pareto Chart)

　　파레토도는 이태리 경제학자 파레토(Alfred Pareto)가 제시한 파레토의 법칙(소득분포 불평등 정도에 관한 법칙으로 1896~1897년에 제시됨) 원리를 주란(Juran) 박사가 품질관리 활동 중 부적합항목관리에 적용한 것이다. 즉, 경제학 측면에서 개인의 부(富)가 일부 소수에게 편중되어 있는 것과 같이 현장에서 부적합을 발생시키는 요인도 여러 요인 중 핵심적인 20%의 요인이 전체 부적합의 80%를 점유하고 있다는 것이다. 따라서 파레토도는 다수경징항목(多數經徵項目 : 문제가 적은 많은 항목)보다 소수중점항목(小數重點項目 : 문제가 큰 소수의 중점항목)을 택해 이를 우선적으로 해결하려고 할 때 활용한다. 파레토도의 기본사상을 표현하면 〈그림 2-2〉와 같다.

〈그림 2-2〉 파레토도 기본사상

1. 작성방법

1) 조사항목을 정하고 데이터를 수집한다

- 원인별 분류 : 재료, 기계, 작업자, 작업방법
- 내용별 분류 : 부적합항목, 부적합장소, 공정, 시간대, 손실금액

2) 데이터를 정리하여 누적수를 계산한다

- 데이터를 큰 값에서부터 작은 값의 순으로 정리한다.
- 누적값을 기입한다.
- 점유율을 계산하여 기록한다.
- 누적점유율을 계산하여 기록한다.
- 단, 다수경징항목은 '기타'로 함께 묶는다.

3) 가로축과 세로축에 눈금을 기입하고 막대그래프를 그린다

- X축(가로축)과 Y축(세로축)을 만든다.
- 데이터 값을 참고하여 Y축에 적절하게 눈금을 분할한다.
- 큰 데이터에서부터 좌에서 우로 막대그래프를 그린다. 단, 막대그래프끼리는 붙인다.
- '기타' 항목은 데이터 값이 크더라도 마지막에 둔다.

4) 우측에 세로축을 또 하나 세워 눈금을 기입한다

- 우측 세로축의 높이는 좌측 세로축(Y축)의 높이와 같게 한다.
- 길이를 5등분 하여 20, 40, 60, 80, 100(%)를 기입한다.

5) 누적곡선을 기입한다

- 누적수를 현재 그려져 있는 막대그래프의 우측 상단 모서리에 타점한 후 각 타점들을 직선으로 연결한다.

6) 추가로 필요한 사항이 있으면 기재한다

- 데이터 수집기간, 공정명, 총 데이터 수, 작성자 이름 등을 기록한다.

〈그림 2-3〉은 위의 순서에 따라 작성한 파레토도 사례이다.

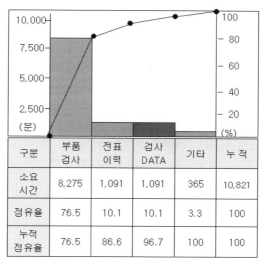

구분	부품 검사	전표 이력	검사 DATA	기타	누적
소요 시간	8,275	1,091	1,091	365	10,821
점유율	76.5	10.1	10.1	3.3	100
누적 점유율	76.5	86.6	96.7	100	100

〈그림 2-3〉 검사 소요시간 파레토도

요즘은 많은 기업이 통계 패키지를 활용해 품질관리 데이터 분석시간을 절약하고 정확도를 높이고 있다. 〈그림 2-4〉는 통계 패키지 중 하나인 미니탭을 사용해 그린 파레토도이다.

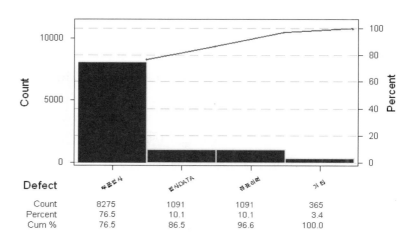

검사소요 시간 파레토도

Defect	유포르4	컴사(DATA	판표이론	기타
Count	8275	1091	1091	365
Percent	76.5	10.1	10.1	3.4
Cum %	76.5	86.5	96.6	100.0

〈그림 2-4〉 미니탭을 활용한 검사 소요시간 파레토도

2. 여러 가지 파레토도

1) 가로축에 적당한 것(4M)

(1) 작업자(Man) : 인별, 계별, 남녀별, 연령별 등

(2) 기계(Machine) : 기계별, 치구별, 설비별, 계기별 등

(3) 재료(Material) : 메이커별, 로트별 등

(4) 방법(Method) : 압력, 온도 등

(5) 시간 : 시, 주, 월, 분기 등

(6) 현상 : 부적합항목, 결점내용 등

2) 세로축에 적당한 것(Q, C, D, S, M, P)

(1) 품질(Quality) : 부적합건수, 부적합품률, 결점수, 반품수 등

(2) 가격(Cost) : 손실금액, 판매금액, 인건비 등

(3) 납기(Delivery) : 납기지연일 등

(4) 안전(Security) : 사고건수, 재해건수 등

(5) 사기(Moral) : 출근율, 결근율, 참가율 등

(6) 생산성(Productivity) : 생산량, 생산목표 달성률, 능률, 설
   비종합효율 등

3. 파레토도 활용 포인트

1) 각 항목별 점유율 크기, 특정항목 제거 시 효과의 크기를 추
   정할 것
2) 개선수단과 이어지도록 현상별이 아닌, 원인별 파레토도를
   작성할 것
3) 세로축은 가능하면 금액으로 표시할 것

4. 개선활동에서 활용하기

1) 일반적인 사용

파레토도 작성 시 전체적인 모양은 정사각형 형태가 좋다. 누적
곡선은 〈그림 2-5〉의 사례에서 보는 것처럼 '0'에서부터 그어도
좋고, 아니면 '경사부적합' 막대그래프 우축 상단에서부터 누적곡
선을 그어도 좋다. 각각의 데이터 표를 따로 작성해도 무관하지만
가능하면 각 항목의 누적수, 점유율, 누적점유율을 파레토도에 포
함해 작성하는 게 좋다. 그렇게 하면 그래프 모양을 보고 직관적
판단을 할 수 있음과 동시에 표를 통해 정확한 값을 확인할 수 있
으므로 편리하다.

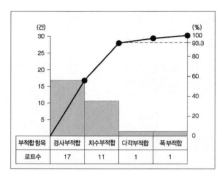

〈그림 2-5〉 불합격로트 원인별 파레토도

2) 개선활동 전·후 파레토도

〈그림 2-6〉은 개선활동 전 현상파악 단계에서 작성된 파레토도와 개선활동 후 효과파악 단계에서 작성한 파레토도를 병합해 작성한 것이다. 이렇게 하면 한눈에 개선 전·후 상태를 비교할 수 있는 장점이 있다. 사례에서 보듯이 가스부적합이 현저히 감소했다는 것을 쉽게 파악할 수가 있고 또한 부적합발생순위가 개선 전에 1위였던 항목이 개선 후에는 4위인 것으로 보아 개선효과가 나타났다는 것을 알 수 있다. 추가적으로 관찰할 사항을 병합한 파레토도에 작성할 때는 개선 전 눈금축(세로축 y 눈금)을 그대로 활용한다.

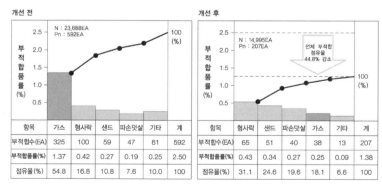

〈그림 2-6〉 개선 전·후 부적합품률 파레토도

3) 다단계 파레토도

〈그림 2-7〉은 개선활동 전(前), 중(中), 후(後)의 부적합 데이터 변화를 시계열적으로 나타냄으로써 변화를 생동감 있게 보여주고 있다. 이 그림을 통해 와이어 부적합이 개선 전 1.42%에서 개선 중 0.96%, 개선 후 0.64%로 지속적으로 감소하고 있다는 것을 알 수 있다.

이와 같은 파레토도를 활용할 때는 개선 중과 개선 후 사이에 부적합품률 차이가 발생하는 사유에 대해 조심스럽게 접근해야 한다. 예를 들면, 개선 중에는 대책실시가 일부만 완료된 상태이고 개선 후는 모든 대책실시가 완료된 경우가 이에 해당된다.

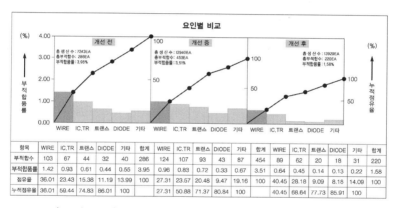

항목	WIRE	IC.TR	트랜스	DIODE	기타	합계	WIRE	IC.TR	트랜스	DIODE	기타	합계	WIRE	IC.TR	트랜스	DIODE	기타	합계
부적합수	103	67	44	32	40	286	124	107	93	43	87	454	89	62	20	18	31	220
부적합품률	1.42	0.93	0.61	0.44	0.55	3.95	0.96	0.83	0.72	0.33	0.67	3.51	0.64	0.45	0.14	0.13	0.22	1.58
점유율	36.01	23.43	15.38	11.19	13.99	100	27.31	23.57	20.48	9.47	19.16	100	40.45	28.18	9.09	8.18	14.09	100
누적점유율	36.01	59.44	74.83	86.01	100		27.31	50.88	71.37	80.84	100		40.45	68.64	77.73	85.91	100	

〈그림 2-7〉 개선 전·중·후 부적합품률 파레토도

② 층별(Stratification)

데이터의 공통점이나 경향, 특징에 착안해 기계별, 원재료별, 작업방법별, 작업자별 등과 같은 기준으로 몇 개의 그룹으로 나눌 때 사용하는 기법이다. 4M(Man, Machine, Material, Method)을 기준으로 많이 활용하고 있으나 이를 좀더 확장하면 5M1JPE(4M + Measurement, Jig & Fixture, Part, Environment) 기준으로 층별을 실시하면 보다 다양한 정보를 얻을 수 있다.

1. 층별 대상이 되는 항목

1) 작업자별 : 개인, 남녀, 연령, 경력 등
2) 기계별 : 새로운 설비, 오래된 설비, 기종, 호기, 치공구, 금형, 라인 등
3) 작업방법별 : 온도, 압력, 습도, 속도, 작업장소 등
4) 원재료별 : 메이커, 구입처, 브랜드, 저장기간, 저장장소 등
5) 시간별 : 시간, 오전, 오후, 낮, 밤, 요일, 주, 월, 계절 등
6) 기타 : 측정기, 검사장소, 날씨, 운송방법, 검사장소, 조명 등

2. 작성방법

1) 데이터의 성격이나 이력을 명확히 해둔다

- 육하원칙(5W1H) : 체크시트 기안 활용

2) 여러 가지 항목으로 층별해본다

- 만약 층 사이에 차이가 없으면 층별 요인을 바꿔 실시한다.

3) 층별로 얻어진 정보는 조치(대책실시)를 취한다

- 왜 층간에 차이가 있는지, 어떤 층이 가장 좋은지 등

〈그림 2-8〉은 입력변수(x)와 품질특성치(y) 간에 상관관계를 산점도를 통하여 타점한 사례이다. 얼핏 보면 x와 y 간에 정(正) 상관관계가 있는 것으로 판단할 수 있다. 하지만 이를 층별해 보니 2개의 이질집단이 혼재되어 있는 것으로 나타났다. 이렇게 층별을 하면 x와 y와의 관계를 좀더 정확하게 구체적으로 파악할 수가 있다.

〈그림 2-8〉 산점도 데이터 층별

〈그림 2-9〉는 납품 협력회사들로부터 납품된 부품을 히스토그램으로 그린 경우이다. 규격상한과 규격하한을 벗어나는 일정량의 부적합이 발생하고 있다. 그런데 이를 납품회사별로 층별해 그려보면 A회사는 규격상한을 벗어나는 부적합이 다수를 차지하고 있고, B회사의 경우는 규격하한을 벗어나는 부적합이 다수 발생하고

있는 것으로 나타난다. 이렇게 층별을 함으로써 다른 결과가 나타날 수 있으며, 따라서 개선조치 또한 다르게 된다.

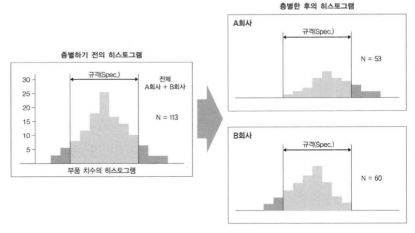

〈그림 2-9〉 납품 회사별 층별

〈그림 2-10〉은 라인에서 작업한 결과를 히스토그램으로 그린 경우이다. 1로트에서 2개 정도의 부적합이 가장 많이 발생하고 있음을 알 수 있다. 그런데 이를 2개 작업반별로 층별해 그려보니 A 작업반에서는 1로트에 2개의 부적합이 가장 많이 발생하고 있는 반면에 B작업반에서는 1로트에서 3개의 부적합이 가장 많이 발생하고 있다는 사실을 발견할 수가 있다. 또한 부적합발생 산포 역시 차이가 있음을 추가로 확인할 수 있다. 이 사례 역시 층별하기 전과 후에 서로 다른 개선조치가 이뤄지게 된다.

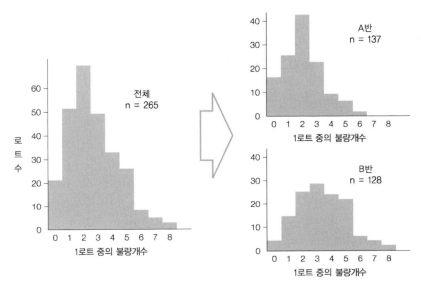

〈그림 2-10〉 현장 작업반별 층별

3. 층별 시 착안사항

층별을 실시하는 이유는 층(그룹) 사이에 어떤 차이가 있는지를 알기 위한 것으로 층별 후에 데이터 간에 뚜렷한 차이가 나타나면 '층별이 잘 되었다'라고 할 수 있다. 층별이 잘 되면 막연했던 데이터가 명확해지므로 의사결정에 많은 도움을 받을 수 있다.

1) 여러 가지 요인으로 층별해 본다.
2) 층 간에 차이가 나타날 때까지 층별을 계속한다.
3) 서로 비교하기 쉬운 형태로 정리한다.
4) 품질 데이터는 같은 형태로 정리한다.
5) 여러 가지 문제점을 층별화해 분석하는 응용력을 기른다.

4. 개선활동에서 활용하기

1) 4M으로 층별한 특성요인도

〈그림 2-11〉은 공정관리에 영향을 미치는 요소인 4M으로 층별하여 원인분석을 실시한 사례이다. 일반적으로 현장에서 발생하는 문제들은 4M의 산포로 인해 발생하는 경우가 대부분이기 때문에 기본적으로 이들에 대한 요인들만으로 층별해 분석해도 좋은 결과를 도출할 수가 있다.

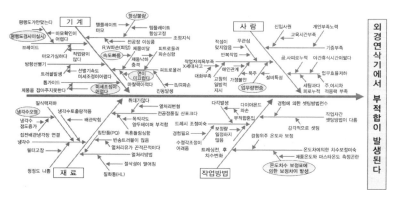

〈그림 2-11〉 4M으로 층별한 특성요인도

2) 공정별로 층별한 파레토도

〈그림 2-12〉는 수집한 데이터를 공정별로 층별한 후 작성한 파레토도이다. 공정 간에 차이가 없는지를 파악하기 위해 1차적으로 공정별로 층별을 실시했다. 하지만 향후 실질적 개선을 하기 위해서는 각 공정의 4M을 추가적으로 층별하여 분석할 필요가 있다. 그래야 문제점을 명확하게 알 수 있기 때문이다.

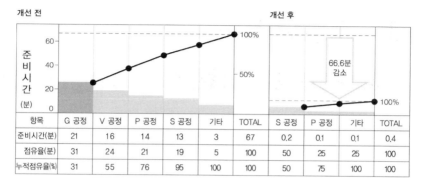

개선 전

개선 후

항목	G 공정	V 공정	P 공정	S 공정	기타	TOTAL	S 공정	P 공정	기타	TOTAL
준비시간(분)	21	16	14	13	3	67	0.2	0.1	0.1	0.4
점유율(분)	31	24	21	19	5	100	50	25	25	100
누적점유율(%)	31	55	76	95	100	100	50	75	100	100

〈그림 2-12〉 공정별로 층별한 파레토도

3 특성요인도 (Cause & Effect Diagram)

　　문제의 원인과 결과와의 관계를 체계적으로 찾아내고, 그 중 진정한 원인을 밝혀내는 기법이다. 또는 일의 결과인 특성과 그것을 유발시키는 원인과의 관계를 화살표로 나타낸 그림이다. 특성요인도는 마치 생선뼈 모양과 비슷하다고 하여 '어골도(Fishbone Diagram)'라고 부르기도 한다. 1952년 일본 이시가와 박사가 가와사끼 제철공장에서 QC지도를 할 때 요인을 표준화하기 위해 창안한 것으로 박사의 이름을 따 '이시가와 다이어그램(Ishikawa Diagram)'으로 불리기도 한다.

1. 특성요인도 각 부 명칭

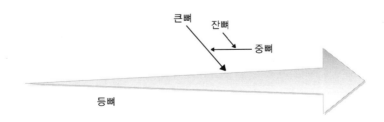

가장 큰 뼈를 1차 요인, 중간 크기의 뼈를 2차 요인, 잔뼈를 3차 요인이라 하고, 각 뼈(가지)는 원인과 결과라는 관계를 맺는다.

2. 작성방법

1) 특성(문제점)을 정한다.
2) 등뼈에 해당하는 내용을 적는다(왼쪽에서 오른쪽으로 굵은 화살표 사용).

3) 큰 뼈에 해당하는 내용을 적는다. 등뼈(특성치)에 대한 원인 이라고 생각되는 것을 4~6개 적는다.

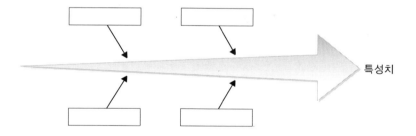

4) 중간 뼈와 잔뼈에 해당하는 내용을 적는다. 중간 뼈는 큰 뼈 의 원인이 되는 내용이다.
5) 누락된 내용이 없는지 점검한다.
6) 영향이 큰 내용에는 표시를 한다. 예를 들어 중요한 요인에는 ○ 표시를 한다.

3. 진행방법

　1) 큰 뼈 → 중간 뼈 → 잔뼈 순으로 토의한다.
　2) 브레인스토밍(또는 브레인라이팅)을 실시한 후 그룹으로 묶
　　는다.

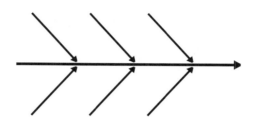

〈그림 2-13〉 나쁜 특성요인도

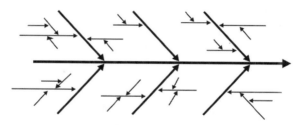

〈그림 2-14〉 좋은 특성요인도

　잔뼈가 많을수록 훌륭한 특성요인도라고 할 수 있다. 〈그림
2-13〉과 같이 가자미 뼈와 같은 특성요인도는 큰 요인을 도출했
으나 세부적인 요인이 도출되지 않은 것으로 향후 문제해결에 도
움을 받을 수가 없다. 이와 반대로 〈그림 2-14〉와 같이 잔뼈가 많
은 특성요인도는 구체적인 요인들까지 모두 도출했기 때문에 향후
대책을 수립할 때 매우 유용하게 활용할 수가 있다.

4. 개선활동에서 활용하기

1) 2개의 특성요인도를 통한 원인분석

〈그림 2-15〉는 제직(製織) 후 염색공정에서 발생하는 불균염 염색이 상하좌우로 균일하게 되지 않아 색상이 다르게 나타나는 현상)에 대한 원인분석을 특성요인도로 나타낸 것이다. 특성요인도를 활용해 원인분석을 하려고 우선 공정품질에 영향을 주는 1차 요인을 4M으로 구분(원재료, 염색기, 작업방법, 작업자)하고, 브레인스토밍을 통해 4M 원인에 대한 분임조원들이 의견을 수집했다. 그리고는 수집한 요인들을 유형별로 그룹화하고 각 요인들 간의 상하관계를 연결시켰다. 서로 연결이 안 되는 요인은 추가적으로 요인을 메모지에 작성한다. 이렇게 정리한 요인들을 특성요인도로 그린 것이 〈그림 2-15〉이다.

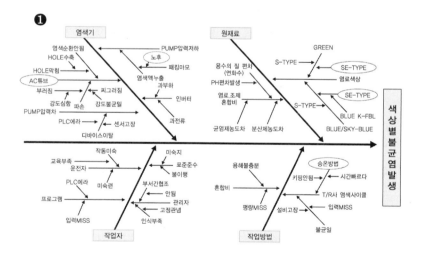

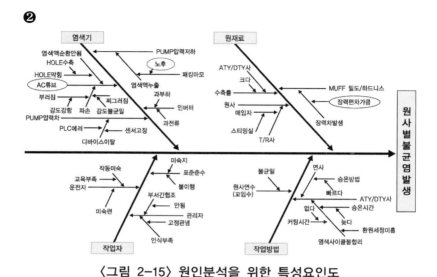

❷

〈그림 2-15〉 원인분석을 위한 특성요인도

　〈그림 2-15〉를 통해 완성된 특성요인도의 요인을 한 가지만 설명해보면, 색상별 불균염 발생하는 이유는 '염색기' 때문이며, '염색기'가 문제가 되는 이유는 'AC 튜브' 때문이고, 'AC 튜브'가 문제가 되는 이유는 염색액 순환이 되지 않기 때문이다. 또한 염색액 순환이 되지 않는 요인은 AC튜브 구멍(hole)이 막히기 때문이며, AC튜브 구멍이 막히는 이유는 구멍이 수축되기 때문이다. 즉, 색상별 불균염이 발생하는 이유 중 하나가 AC튜브 구멍이 수축되기 때문이라는 것을 특성요인도를 통해 알 수 있다. 다른 요인도 이런 식으로 따져보면 원인과 결과 간의 관계가 '왜? 왜? 왜?'로 연결되어 있다는 것을 알 수 있다.

　이렇게 문제의 요인을 밝혔으면 다음으로는 이 요인들을 어떻게 제거해야 할 것인가를 생각해야 한다. 이상적으로 말하면, 특성요인도에 나열된 모든 요인을 제거하면 불균염 발생이 0(제로)이 된다. 하지만 모든 요인을 다 제거하기에는 많은 시간과 비용이 소모되고, 실현성도 낮고, 일의 효율성 또한 떨어지게 된다. 모든 요인이 불균염 발생에 영향을 주기는 하지만 요인에 따라 경중(輕重)이 있다. 따라서 각 요인 중 불균염 발생에 가장 많은 영향을 미치는 요인을 우선적으로 선정하고 이를 '주요요인'으로 등록한다.

등록한 주요요인에는 별도의 표시(동그라미나 별표 등)를 해 누구나 쉽게 알 수 있게 한다. 부가적으로 계통도를 사용해 다시 한번 상세하게 정리(특성요인도는 그림으로 그려야 하기 때문에 긴 문장을 쓰기가 힘들다)하는 것이 좋다. 〈그림 2-16〉은 불균염 발생 주요요인을 계통도로 정리한 것이다.

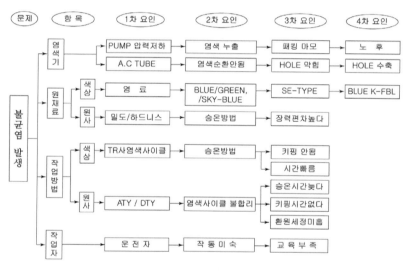

〈그림 2-16〉 불균염 발생 주요요인 계통도

④ 체크시트(Check Sheet)

    조사하고자 하는 항목을 주기별로 점검한 결과나 발생빈도를 조사한 결과를 기록하는 용지를 체크시트라 하며, 이는 데이터의 집계와 정리를 용이하게 해준다. 기록용(조사용) 체크시트와 점검용(확인용) 체크시트의 2가지 종류가 있다.

1. 기록용 체크시트

    조사하고 싶은 항목의 데이터를 모으기 위해 사용하는 것으로 검사일보(부적합항목별), 상품별 매출량 데이터 등을 작성할 때 사용한다. 이에 대한 사례는 〈표 2-1〉과 같다.

부적합 체크시트

데이터 기간	2007.2.10~2.16
근 거 자 료	작업일보
조 사 자	김창남

항목/일정	2/10	2/11	2/12	2/13	2/14	2/15	2/16	합계
이 물	////	//	///	/	//	///	////	19
백 점	///	//	//	/	///	//	//	15
얼 룩	////	////	7HL ///	7HL ///	////	////	////	36
흑 점	/	//	/	///	/	/	/	10
크 랙	///	//	////	/	///	/	///	20
휘 도	7HL 7HL	7HL ///	7HL //	7HL /	7HL //	7HL //	7HL //	50
합 계	25	19	24	23	20	18	21	150

〈표 2-1〉 기록용 체크시트

2. 점검용 체크시트

작업 중 확인하지 않으면 안 되는 사항을 기록하기 위해 사용하는 것으로 설비점검 체크시트, 정리정돈 체크시트 등이 해당되며 이에 대한 사례는 〈표 2-2〉와 같다.

korea Motor Company		정 기 점 검 LIST						승 인		개정번호	개정 일자
사용부서	4WD 차체부	설 비 명	ROBOT SLIP RING		자산번호						
점 검 자	민 승 식, 유 일 연			(O:정상, ×:이상, C:조치, R:재점검)							

순번	점검항목	점검방법	점검기준	점검시기	점검주기	2007년 11	12	1	2	3	2008년 4	5	6	7	8	9	10	비고
1	WATER COUPLER	육안	누수상태	운	분기	O				O								
2	SIGNAL CONNECTOR	〃	마모상태	휴	〃	O				O								
3	POWER PIN	〃	마모상태	휴	〃	O				O								
4	고정BRACKET	〃	고정상태 마모상태	휴	〃	R				O								
5	GUIDE PIN	〃	마모상태	휴	〃	O				×								
6	AIR & 냉각HOSE	〃	파손상태 연결상태	휴	〃	O				O								

〈표 2-2〉 점검용 체크시트

3. 작성순서

1) 체크의 목적을 명확히 한다

체크시트의 용도(기록용 또는 점검용)와 활용방안을 정한다.

2) 체크할 항목을 정한다

기본적으로 점검용 체크시트에서는 점검항목, 점검방법, 점검기준, 점검주기 등 4대요소를 기본항목으로 정한다. 반면 기록용 체크시트에서는 무엇을 알고자 하는지, 무엇을 체크하면 되는지 등을 생각해보고 이에 따라 기록할 항목을 분류한다.

3) 평가(계산)방법을 결정한다

점검용 체크시트는 체크방법을, 기록용 체크시트는 체크한 데이터의 정리와 집계, 계산법 등을 검토한다.

4) 양식을 기안한다

체크항목, 배열, 글자 크기, 범례 등을 고려해 체크시트 양식을 기안한다.

5) 시범적으로 사용해본다

현재 작성된 체크시트 초안을 직접 활용할 사람을 대상으로 시범실시한다.

6) 수정과 보완을 실시한다

시범실시 결과, 누락항목이 있거나 점검기준 등이 애매한 사항 등이 있으면 객관적 기준을 설정하는 등 추가 보완작업을 실시한다.

7) 사내 등록 후 사용한다

수정과 보완이 완료된 체크시트는 관련 표준과 연계해 제·개정 등록을 실시한 후 정상적으로 사내에서 활용한다. 참고로 점검용 체크시트는 제조설비관리 절차서나 검사설비관리 절차서와 연계해 사용해야 한다.

4. 개선활동에서 활용하기

1) 제조설비 점검기록표

점검항목은 어떤 부위를 점검할 것인지를 정하는 것이고, 점검 방법은 계측기나 육안 등 어떤 방법으로 점검할 것인지를 결정하는 것이다. 점검기준은 어떤 상태가 정상인지를 판단하는 것으로 가능하면 수치로 나타내는 것이 바람직하다. 점검주기는 어느 정도의 기간마다 점검을 실시해야 하는지를 나타내는 것이다. 이에 대한 사례는 〈표 2-3〉과 같다.

C-20 크레인 케이블 점검표						결재	직장	과장
범례 : ○ 양호, △ 보통, × 정비요망					점 검 일			비고
NO	점 검 항 목	방 법	기 준	주 기	17일	21일	28일	
1	레일 마모상태	육 안	이상여부	주간점검	○	○	○	
2	철판 마모상태	버니어 캘리퍼스	8^{0}_{-2} mm	〃	○	○	○	
3	베어링 파손여부	육 안	구동부적합	〃	○	○	○	
4	롤 마모상태	버니어 캘리퍼스	$\phi 40^{0}_{-2}$ mm	〃	○	○	○	
5	케이블 정리정돈 상태	육 안	—	〃	○	△	○	
11	철판 충격방지 장치 부착상태	육 안	이상여부	〃	○	○	○	
12	그리스 급유상태	육 안	이상여부	〃	○	△ (추가금지)	○	

상기사항을 이상없이 점검하였습니다.

2006년 8월 1일

작 성 자 홍길동 ㉦

〈표 2-3〉 제조설비 점검기록표

2) 패널 세팅상태 점검기록표

자동화가 많이 되어 있는 공정에서는 제어패널의 점검이 무엇보다 중요하다. 압력, 유량, 공기, 각종 신호가 제어패널에 모두 표시되므로 이를 주기적으로 체크해야 설비를 최적으로 가동시킬 수가 있다. 점검기록을 표시하는 점검기록란에 점검주기가 주(週) 단위나 월(月) 단위로 섞여 있을 때는 모두 주 단위로, 일(日), 주, 월 단위가 모두 혼합되어 있을 때는 일 단위로 점검할 수 있도록 양식 구성을 바꾸는 것이 좋다. 이에 대한 사례는 〈표 2-4〉와 같다.

점 검 항 목		점검일자 / 점검기준	5월 3주	5월 4주	6월 1주	6월 2주	6월 3주	비 고
압력게이지 (PRESSURE GAUGE)	검사필증 관리는 하는가?	년1회 측정	○	○	○	○	○	'07년5/16 검사
	지시눈금이 흔들리지 않는가?	"0" 상태	○	○	○	○	○	
공기 분배기 (AIR DISTRIBUTOR)	공기 공급시 막힘은 없는가?		○	○	○	○	○	
	탭 홀의 상태는 양호한가?		○	○	○	○	○	
압력 조절밸브 (REGULATING VALVE)	압력조절시 핸들 작동상태는?	미끄러짐 상태	○	○	○	○	○	
	외관상 파손된 곳은 없는가?		○	○	○	○	○	
공기 호스 (AIR HOSE)	공기가 새는 곳은 없는가?	청색호스	○	○	○	○	○	
	호스 정리정돈 상태는 어떤가?		○	○	○	○	○	
	커플링의 결속 상태는?		○	○	○	○	○	
경광등 및 벨	작동상태는 양호한가?	소리크기	○	○	○	○	○	
신호 표시기 (ANNUNCIATOR)	작동상태는 양호한가?		○	○	○	○	○	
	파손된 곳은 없는가?		○	○	○	○	○	
연결장치 (QUICK COUPLING)	체크 밸브 작동상태는?		○	○	○	○	○	
	카프링의 결속 상태는?		○	○	○	○	○	
공기 윤활장치 (AIR LUBRICATOR)	작동상태는 양호한가?		○	○	○	○	○	
	필터의 작동상태는 양호한가?	6개월주기 교체	○	○	○	○	○	
기타	전기기기의 작동상태는?		○	○	○	○	○	
	판넬 전체 외관상태는?		○	○	○	○	○	
점검자 확인			㊞	㊞	㊞	㊞	㊞	

범례	○	×	△		관리	정	김 윤 복
	적합	부적합	정 비		담당	부	김 명 구

〈표 2-4〉 패널 세팅상태 점검기록표

5 히스토그램(Histogram)

히스토그램(일명 주상도柱狀圖)은 프랑스인 게리(A. M Guerry)가 범법자의 나이가 어떻게 범죄에 영향을 미치는지를 연구하면서 처음으로 그렸다고 한다. 단순히 막대그래프를 이용해 범죄 발생건수를 비교하기보다는 연령을 몇 개의 구간으로 나누고 각 연령대별로 범죄 발생건수가 어떻게 나타나는지를 그려보니 나이와 범죄 간의 변화를 쉽게 알 수 있었던 것이다.

이 원리에 따라 품질관리에서는 우선 수집된 데이터가 존재하는 범위를 몇 개의 구간으로 나눈다. 그리고는 각 구간에 데이터가 몇 개가 존재하는지(데이터 출현도수出現度數)를 도수표(度數表)로 만들고 이 내용을 막대그래프로 그린다. 이를 통해 데이터의 평균값과 산포의 모습을 쉽게 파악할 수 있다.

1. 히스토그램 용어

히스토그램을 작성하기 전에 이와 관련해 우선 알아두어야 할 용어를 설명하면 〈그림 2-17〉과 같다.

▷ 계급 : 막대 폭의 크기로 '구간'이라고도 말한다.
▷ 기둥 : 각각의 막대그래프
▷ 도수 : 해당 계급에 속하는 데이터의 개수(빈도)

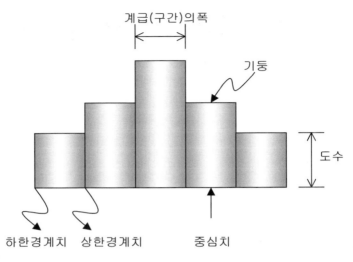

계급(구간)의폭

기둥

도수

하한경계치   상한경계치   중심치

〈그림 2-17〉 히스토그램 용어

▷ 중심치 : 계급의 중간값으로 '중앙치'라고도 말한다.
▷ 하한경계치 : 해당 계급의 최소값
▷ 상한경계치 :해당 계급의 최대값
▷ 계급의 수 : 기둥의 개수

2. 작성순서

1) 데이터를 수집한다

일반적으로 50~200개가 적당하다.

2) 데이터의 최대치와 최소치를 구한다

수집된 데이터에서 최대치와 최소치를 구한다.

3) 계급(구간)의 수를 정한다

$$계급의 수 = \sqrt{데이터 수}$$

단, 소수점은 반올림해 정수로 만든다. 예를 들어 데이터가 100개일 경우, 계급의 수 = $\sqrt{100}$ = 10개

4) 계급의 폭을 구한다

계급의 폭 = $\dfrac{최대치 - 최소치}{계급의수}$

계산 결과, 소수점이 나왔을 때는 원시(原始) 데이터(수집된 데이터)의 소수점 단위와 맞춘다.

5) 계급의 경계치를 구한다

– 제1구간 하한경계치 = 최소치 – $\dfrac{측정(최소)단위}{2}$

– 제1구간 상한경계치 = 제1구간 하한경계치 + 계급의 폭

6) 계급의 중심치를 구한다

중심치 = $\dfrac{계급하한치 + 계급상한치}{2}$

7) 각 데이터의 도수를 기재한다

/// 또는 正 등의 방법으로 표기한다.

8) 히스토그램을 작성한다

– 세로축과 제1구간 하한경계치는 1계급 정도 칸을 비운다.
– 데이터 수집기간, 데이터 수, 공정명 등을 기입한다.
– 해당 제품의 규격치를 표시해도 좋다.

3. 공정능력지수 산출

공정능력지수(공정능력지수 : Process Capability Index)는 C_p로 표기하며 해당 공정에서의 제조능력을 나타내는 지수다. 산출식은 다음과 같다.

$$C_p = \frac{규격상한 - 규격하한}{6\sigma}$$

$$= \frac{USL - LSL}{6s}$$

$$= \frac{USL - LSL}{6\sqrt{V}}$$

▷ USL : Upper Specification Limit(또는 S_U) : 규격상한

▷ LSL : Lower Specification Limit(또는 S_L) : 규격하한

▷ σ : 모표준편차

▷ s : 표본(시료) 표준편차

▷ $\sqrt{V}$: 불편 표준편차

위의 공식은 규격중심치{M=$\frac{규격상한 + 규격하한}{2}$}와 표본평균값($\bar{x}$)이 일치할 때 사용할 수 있으며 C_p 값에 따른 공정능력은 〈표 2-5〉와 같다.

〈표 2-5〉 공정능력지수에 따른 공정능력평가

공정능력지수(C_P)	적합률(%)	부적합품률(ppm)	공정능력평가
0.33	68.27	371,300	매우부족
0.67	95.45	45,500	부족
1.00	99.73	2,700	보통
1.33	99.9937	63	우수
1.67	99.999943	0.57	매우 우수
2.00	99.9999998	0.002	최고 수준

그런데 일반적으로 생산현장에서 표본 평균값을 구하면 규격중심치(M)와 일치하지 않는 경우가 대부분이다. 이런 경우에는 치우침(바이어스 : Bias)을 고려한 공정능력지수(C_{pk})를 사용해야 하며 산출공식은 다음과 같다.

$$C_{pk} = (1 - k)C_p$$

k는 '치우침도'이며, 이의 산출공식은 다음과 같다.

$$k = \frac{\left| \dfrac{USL + LSL}{2} - \bar{x} \right|}{\dfrac{USL - LSL}{2}}$$

치우침 정도가 6σ(6시그마) 이론에서와 같이 1.5σ(표본 표준편차의 1.5배)라고 한다면 C_p 값에 따른 공정능력은 〈표 2-6〉과 같다.

〈표 2-6〉 치우침(±1.5σ)을 가정한 공정능력평가(6시그마 이론)

공정능력지수(C_P)	치우침도(k)	C_{Pk}	부적합품률(ppm)
0.33		0.00	–
0.67		0.17	308,538
1.00	1.5σ	0.50	66,807
1.33		0.83	6,210
1.67		1.17	233
2.00		1.50	3.4

예를 들어, 전자기판(PWB) 폭의 크기규격이 7.0±0.5mm이고, 기판을 샘플링해 측정한 결과, 폭의 평균($\bar{x}$)이 7.19mm이며, 각 기판의 폭에 대한 표준편차(s)가 0.15mm로 나왔다. C_p와 치우침을 고려한 공정능력지수(C_{pk})의 값과 치우침도는 다음과 같다.

$$C_p = \frac{USL - LSL}{6s} = \frac{7.5 - 6.5}{6 \times 0.15} = 1.11$$

$$k = \frac{\left| \dfrac{USL + LSL}{2} - \bar{x} \right|}{\dfrac{USL - LSL}{2}} = \frac{\left| \dfrac{7.5 + 6.5}{2} - 7.19 \right|}{\dfrac{7.5 - 6.5}{2}} = 0.38$$

$$C_{pk} = (1 - k) \times C_p = (1 - 0.38) \times 1.11 = 0.69$$

4. 개선활동에서 활용하기

1) 양쪽 규격이 있는 경우

〈그림 2-18〉은 상한과 하한이 모두 있는 사례로, C_{pk} 값이 0.65로 공정능력이 부족한 경우이다. 공정능력지수(C_p)와 치우침을 고려한 공정능력지수(C_{pk})를 직접 산출해 보면 다음과 같다. 참고로 최근에 많이 사용하고 있는 미니탭 6시그마 패키지에서는 C_p를 P_p로, C_{pk}를 P_{pk}로 표시하고 있다.

$$C_p = \frac{USL - LSL}{6s} = \frac{202 - 146}{6 \times 13.29} = 0.7$$

$$k = \frac{\left| \dfrac{USL + LSL}{2} - \bar{x} \right|}{\dfrac{USL - LSL}{2}} = \frac{\left| \dfrac{202 + 146}{2} - 175.9 \right|}{\dfrac{202 - 146}{2}} = 0.068$$

$$C_{pk} = (1 - k) \times C_p = (1 - 0.068) \times 0.7 = 0.65$$

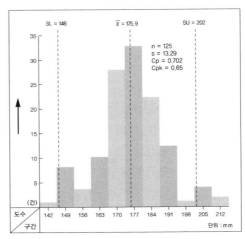

〈그림 2-18〉 양쪽 규격이 있는 히스토그램

2) 한쪽 규격만 있는 히스토그램

〈그림 2-19〉는 개선 전과 개선 후의 히스토그램을 동시에 나타내 개선효과를 한눈에 파악할 수 있게 했다. 〈그림 2-19〉에 나타난 히스토그램의 특징은 규격이 한쪽만 있다는 것이다. 한쪽 규격만 있는 경우의 공정능력지수는 다음과 같이 산출한다. 규격이 한쪽에만 있기 때문에 이때는 치우침도(k)가 존재하지 않는다.

(1) 규격상한만 있는 경우

$$C_p = \frac{규격상한 - 평균치}{3\sigma} = \frac{USL - \overline{x}}{3s}$$

(2) 규격하한만 있는 경우

$$C_p = \frac{평균치 - 규격하한}{3\sigma} = \frac{\overline{x} - LSL}{3s}$$

〈그림 2-19〉는 규격상한만 있는 경우이므로

$$C_p = \frac{규격상한 - 평균치}{3\sigma} = \frac{USL - \overline{x}}{3s}$$ 공식을 사용하면 된다.

그런데 〈그림 2-19〉에는 표준편차(s) 값이 나와 있지 않은 반면(향후 개선 활동 시에는 이의 수정이 필요하다), 공정능력지수 값은 산출되어 있다. 이에 따라 개선 전 표준편차(s) 값을 구해보면,

$0.31 = \dfrac{50 - 47.8}{3s}$ 이므로 $s = 2.37$이 된다.

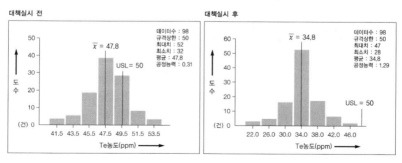

〈그림 2-19〉 한쪽 규격만 있는 히스토그램

⑥ 산점도(Scatter Diagram)

산점도(散點圖)는 서로 대응하는 2종류의 데이터를 가로축과 세로축에 잡아 타점하는 기법이다. 예를 들어, 물의 양과 시멘트 강도, 사출온도와 강도, 염색온도와 불균염, 작업장 조명과 부적합품률, 키와 몸무게 등의 데이터 결과값을 실험을 통해 도출하고 가로축의 값과 세로축의 값이 만나는 지점에 점을 찍는 것이다.

1. 작성순서

1) 대응하는 데이터를 수집한다

최소 30조 이상을 모으는 것이 바람직하다.

2) 데이터 x와 y 각각의 최대치와 최소치를 구한다

3) 가로축과 세로축을 만든다

- 가로축(원인, 요인)과 세로축(결과, 특성)에 눈금을 매긴다.
- 가로축과 세로축의 길이는 되도록 같게 한다.

4) 데이터를 타점한다

- x와 y 값에 의한 타점은 ●로 표시하고, 같은 데이터가 2개일
  때는 ◉ 로, 3개일 때는 ◎ 로 표시한다.

5) 필요사항을 기입한다

- 공정명, 데이터 수, 제품명, 수집기간, 작성일자, 작성자 등을
  기입한다.

위의 순서에 따라 산점도를 작성할 경우, 일반적으로 〈그림
2-20〉과 같은 유형의 산점도가 나온다.

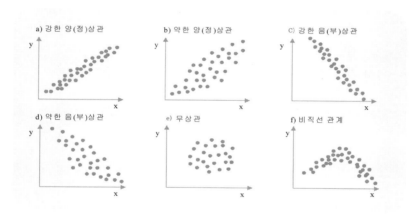

〈그림 2-20〉 산점도 유형

2. 산점도 상관관계 판단

산점도 타점형태를 육안으로 보고 x와 y 간의 상관관계 여부를
판단할 수 있다. 하지만 좀더 정확하게 판단하기 위해서는 '부호검
정표'를 사용하는 것이 바람직하다. 일반적으로 상관관계 판정방
법은 부호검정표를 사용해 판정하는 경우와 상관계수를 이용해 판

정하는 2가지 경우가 있다. 이를 간략히 살펴보면 다음과 같다.

우선, 부호검정표를 사용해 상관관계를 파악하는 순서는 다음과 같다.

1) 산점도를 작성한다.
2) 산점도상의 점을 좌우 동수로 가르는 세로 메디안 선을 기입한다.
3) 산점도상의 점을 상하 동수로 가르는 가로 메디안 선을 기입한다.
4) 분면번호를 붙여(Ⅰ, Ⅱ, Ⅲ, Ⅳ 분면) 각 구간 내의 점의 수를 구한다.
5) 분면 Ⅰ과 Ⅲ에 해당하는 점의 수를 합하고, 분면 Ⅱ와 Ⅳ에 해당하는 점의 수를 합한다. 그리고 총 점의 갯수(N = Ⅰ + Ⅱ + Ⅲ + Ⅳ)도 구한다.
6) 부호검정표와 비교하여 상관유무를 판정한다.

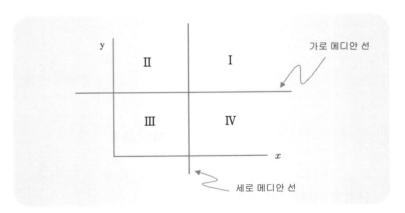

〈그림 2-21〉 산점도를 가로·세로 메디안선으로 나누기

양의 상관관계일 경우에는 Ⅱ분면과 Ⅳ분면의 점의 수를, 음의 상관관계일 경우에는 Ⅰ분면과 Ⅲ분면의 점의 수를 〈표 2-7〉에 제시된 부호점검표를 보고 판정한다. 예를 들어, 산점도가 양상관

일 경우, 50개 타점한 것 중에 Ⅱ와 Ⅳ분면 내 점의 수가 15개 이하이면 강한 양의 상관관계이고, 17개 이하면 약한 상관관계이다. 만약 점의 수가 18개 이상이면 무상관이라고 판정한다.

〈표 2-7〉 부호검정표

N	0.01	0.05	N	0.01	0.05	N	0.01	0.05	N	0.01	0.05
8	0	0	31	7	9	54	17	19	77	26	29
9	0	1	32	8	9	55	17	19	78	27	29
10	0	1	33	8	10	56	17	20	79	27	30
11	0	1	34	9	10	57	18	20	80	28	30
12	1	2	35	9	11	58	18	21	81	28	31
13	1	2	36	9	11	59	19	21	82	28	31
14	1	2	37	10	12	60	19	21	83	29	32
15	2	3	38	10	12	61	20	22	84	29	32
16	2	3	39	11	12	62	20	22	85	30	32
17	2	4	40	11	13	63	20	23	86	30	33
18	3	4	41	11	13	64	21	23	87	31	33
19	3	4	42	12	14	65	21	24	88	31	34
20	3	5	43	12	14	66	22	24	89	31	34
21	4	5	44	13	15	67	22	25	90	32	35
22	4	5	45	13	15	68	22	25			
23	4	6	46	13	15	69	23	25			
24	5	6	47	14	16	70	23	26			
25	5	7	48	14	16	71	24	26			
26	6	7	49	15	17	72	24	27			
27	6	7	50	15	17	73	25	27			
28	6	8	51	15	18	74	25	28			
29	7	8	52	16	18	75	25	28			
30	7	9	53	16	18	76	26	28			

주) N=산점도 내의 점의 총수, 0.01, 0.05=유의수준(α)

상관관계를 판정하는 또 다른 방법으로는 상관계수를 이용하는 방법이 있다. 두 확률변수 사이의 관련성을 자료를 이용해 연구하는 분석방법을 상관분석이라 하는데 두 확률변수 x와 y 간의 선형관계를 별도 공식에 의거해 상관계수를 구하고 다음과 같이 판정한다.

상관계수(r)에 대한 성질을 요약하면 다음과 같다.

▷ 항상 $-1 \leq r \leq 1$

▷ r > 0 이면, 양의 상관관계, r < 0 이면, 음의 상관관계

▷ │r│이 1에 가까울수록 강한 상관관계, │r│이 0에 가까울
수록 약한 상관관계

▷ 표본의 크기가 대략 30개 정도일 때

　– │r│ > 0.7 이면 강한 상관관계

　– 0.4 ≤ │r│ ≤ 0.7 이면 약한 상관관계

　– │r│ < 0.4 이면 상관관계가 거의 없다고 판정한다.

　상관관계에 의한 판정은 미니탭과 같은 통계프로그램이 있을 경우에는 손쉽게 사용할 수 있다. 하지만 이것이 없을 경우에는 계산이 다소 복잡하기 때문에 부호검정표를 활용하는 것이 좋다.

3. 개선활동에서 활용하기

1) 소석회 투입량과 PH 산점도

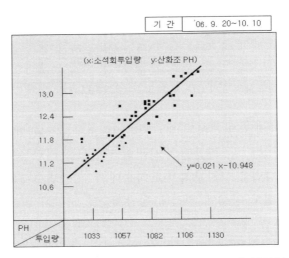

〈그림 2-22〉 소석회 투입량과 산화조 PH의 상관분석

2) 가수량과 로스량에 대한 산점도

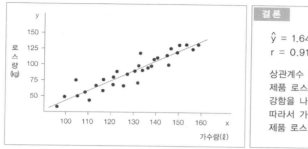

〈그림 2-23〉 가수량과 로스양의 상관분석

〈그림 2-22〉와 〈그림 2-23〉의 개선 사례에서 보듯이 산점도를 작성한 후 정확한 판정을 위해 회귀분석을 실시해 회귀식을 산출했다. 여기서 잠깐! 회귀분석의 의미와 활용방법을 간략히 소개하면 다음과 같다.

회귀분석(Regression Analysis)은 둘 또는 그 이상의 변수들 간의 인과관계를 분석하는 통계적 분석방법의 하나로, 특정변수(독립변수)의 변화가 다른 변수(종속변수)의 변화와 어떤 관계를 맺고 있는지를 함수식을 통해 상호관계를 추론한다. 쉽게 말해 어떤 품질특성치(y)에 대한 요인(x)과의 관계를 직선식(회귀직선식)으로 표현하는 것을 말한다.

이때 품질특성치(y)는 다른 변수의 영향을 받는 변수로 종속변수(dependent variable) 또는 반응변수(response variable)라고 한다. 이와 달리 요인(x)은 품질특성치에 영향을 주는 변수로 독립변수(independent variable) 또는 설명변수(explanatory variable)라고 한다.

예를 들어, 성형라인에서 성형시간(x) 변화에 따라 제품강도(y)가 어떻게 변화하는지를 찾아내기 위해 회귀분석을 실시하는 경우, 우선 성형시간 변화에 따른 제품 성형강도에 대한 산점도를 그려보면 〈그림 2-24〉와 같다.

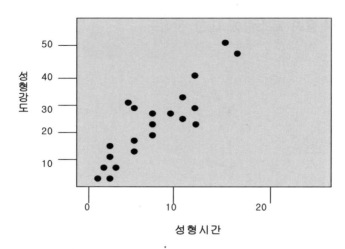

〈그림 2-24〉 성형시간과 성형강도 산점도

(실제 상관분석을 실시해봐야 하지만) 성형시간과 성형강도 사이에 상관관계가 있다고 판정을 할 경우, 이들 사이의 회귀분석을 미니탭 프로그램을 사용해 실시해보면 다음과 같은 결과가 나온다.

Regression Analysis : 성형강도 versus 성형시간
The Regression Equation is
성형강도 = 5.66 +(1.82 × 성형시간)

이는 성형시간(x)을 2라고 하면 성형강도(y) = 5.66 + (1.82 × 2) = 5.66 + 11.32 = 16.98이 된다는 것이다. 이 결과를 통해 우리는 성형시간을 얼마로 하면 제품강도가 얼마나 될지를 예측할 수 있게 된다. 반대로 성형강도를 얼마로 하기 위해서는 성형시간을 얼마로 해야 하는지도 알 수 있다. 여기서 제시한 사례는 단순회귀분석으로 품질특성치에 영향을 미치는 인자(요인)가 한 개인 경우이며, 또한 품질특성치와 인자 간의 상관관계가 직선적일 때이다. 인자가 2개 이상인 경우에는 다중회귀분석을 실시해야 한다.

⑦ 그래프(Graph)

그래프는 텔레비전, 신문, 잡지, 인터넷 등에서 흔히 접해본 것으로 주로 수량의 크기를 비교하거나 변화를 파악하는 데 주로 이용된다.

1. 그래프의 이점

1) 숫자를 눈으로 볼 수 있다.
2) 데이터를 비교할 수 있다.
3) 한눈에 데이터 전체를 파악할 수 있다.
4) 보는 이에게 흥미를 느끼게 한다.
5) 보는 사람들이 알아보기 쉽다.
6) 손쉽게 만들 수 있다.

2. 막대그래프

1) 막대의 폭 : 동일한 크기로 한다.
2) 막대 간격 : 막대 폭과 같거나 그 이하로 한다.
3) 막대 순서 : 특별한 분류기준(예를 들어 시간적 변화나 장소 변화 등)이 없을 때는 크기순으로 나열한다.

4) 기축선(基軸線) : 항상 '0'으로 정해 놓는다.

5) 눈금선 : 읽기 좋은 간격으로 가는 선을 사용한다.

6) 눈금 숫자 : 좌측 바깥쪽에 눈금선 위치에 기재한다.

7) 숫자 단위 : 상부 또는 하부에 기입한다.

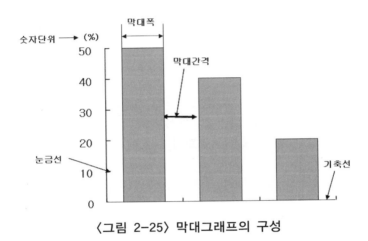

〈그림 2-25〉 막대그래프의 구성

3. 원그래프

1) 작도법

(1) 적당한 크기의 원을 그린다.

(2) 전체에 대한 각 부분의 백분율을 계산한다.

(3) 360°에 해당하는 비율을 곱해서 각도를 산출한다.

(4) 각도기를 사용해 각 부분을 중심각으로 구분한다.

(5) 또는 원주에 36°씩 10등분을 해 표시하고 눈대중으로 구분한다.

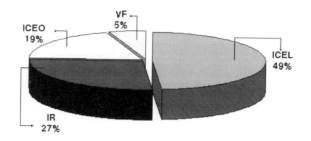

〈그림 2-26〉 원그래프

2) 주의점

(1) 중심선에서 시계방향으로 그려나간다.

(2) 큰 수치에서 작은 수치로(단, 기타는 수치크기에 상관없이 반드시 마지막) 그린다.

(3) 칸이 좁은 경우에는 지시선을 그어 원 밖에 필요한 내용을 적는다.

4. 띠그래프

1) 작도법

(1) 전체 띠의 길이를 정한다.

(2) 각 부분이 전체에서 차지하는 백분율을 계산한다.

2) 주의점

크기순으로 좌→우 또는 상→하 순으로 작성한다.

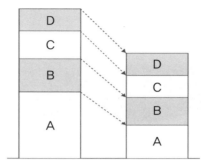

작업시간의 개선 전·후 비교

5. 점그래프

점도표라고도 하며 수량의 크기를 비교할 때, 측정단위를 점(點)으로 표시한 그래프다. 일반적으로 단위면적당 결점수, 인구밀도, 보유현황 등을 그림으로 표시할 때 많이 사용한다. 예를 들어, 연령대별 10명당 자동차 보유현황을 점그래프로 나타내면 〈그림 2-28〉과 같다.

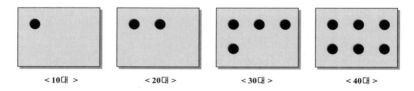

〈그림 2-28〉 연령대별 자동차 보유현황 점그래프

이외에도 수량의 크기를 도형을 사용해 표시하는 체적(體積)그래프, 실물형태의 그림을 사용해 표시하는 그림그래프, 백 등분의 사각형 눈금을 사용해 표시하는 정방형그래프 등이 있다. 사용자가 표현하고자 하는 의도에 맞는 그래프 형태를 사용해 사용하면 된다.

6. 각종 그래프 종류와 특징

종류	형 태	목 적	특 징
막대 그래프		수량의 크기를 비교하는 그래프	일정한 폭의 막대를 늘어 놓아 그 막대의 길이에 의해서 수치의 대소를 비교할 수 있다.
꺾은선 그래프		수량의 변화 상태를 보는 그래프	선의 높낮이에 의해서 수치의 크기를 비교할 수 있는 동시에 시간의 경과에 따른 변화를 볼 수 있다.
원 그래프		내역의 비(比)를 보는 그래프	전체를 원으로 나타내고 내역의 구분에 해당하는 비를 부채꼴로 구분하는 것, 전체와 부분, 부분과 부분의 비를 알기 쉽다.
띠 그래프		내역의 비(比)를 보는 그래프	전체를 직사각형으로 나타내고 내역의 구분에 해당하는 비를 직사각형의 길이로 구분한 것. 원그래프 작성에 필요한 분도기(分度機)는 필요치 않음

7. 개선활동에서 활용하기

1) 도넛형 원그래프

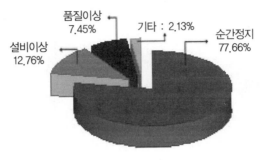

품질이상
7.45%

기타 : 2.13%

순간정지
77.66%

설비이상
12.76%

조립공정 손실시간

2) 평면형 원그래프

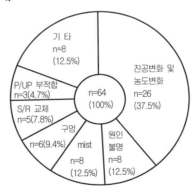

기 타
n=8
(12.5%)

진공변화 및
농도변화
n=26
(37.5%)

P/UP 부적합
n=3(4.7%)

n=64
(100%)

S/R 교체
n=5(7.8%)

구멍
n=6(9.4%)

mist
n=8
(12.5%)

원인
불명
n=8
(12.5%)

3) 레이더차트

그래프의 일종으로 비교항목에 대한 균형성을 평가하기 위한 그래프이며, 레이더 모양처럼 생겨서 레이더차트라고 한다.

설문조사 시 응답자에게 질문에 대한 찬성 정도 또는 반대 정도를 숫자로 표시할 수 있도록 리커트 척도(Likert Scale)를 사용한다. 척도의 종류에는 3점법, 5점법, 10점법 등이 있는데 가장 변별

력이 뛰어난 5점 리커트 척도를 주로 사용한다.

분임조활동에서는 반성 및 향후계획 단계에서 분임조원들이 스스로 자신들의 활동을 평가하기 위해 레이더차트를 사용한다. 활용사례는 〈그림 2-29〉와 같다.

N O	항 목	평 점	
		활동 전	활동 후
1	분임원의 의욕	2	4
2	QC기법 이해력	2	5
3	문제해결능력	2	4
4	분임원의 참여도	3	5
5	대책일시일정준수	3	4
6	결과의 체크와 표준화	2	4
7	유형효과파악	2	4
8	사후관리	3	4
	평균	2.4	4.3

회의일자	06.12.19	범례	5	4	3	2	1
회의장소	분임토의실		매우 잘함	잘함	보통	못함	매우 못함
참석자	전원		5인 이상	4인 이상	3인 이상	2인 이상	1인 이하

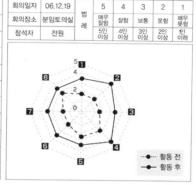

〈그림 2-29〉 분임조활동 평가 레이더차트

$\boxed{8}$ 관리도(Control Chart)

관리도는 공정상태를 나타내는 특성치에 대하여 시간적인 변화를 그린 그래프로 공정을 관리상태(안정상태)로 유지하기 위한 그림이다. 관리도는 1924년 Bell Telephone Laboratories에 소속되어 있던 슈하트(W. A. Shewhart)가 처음 사용했다. 그의 이름을 따서 슈하트 차트라고 부르기도 한다.

관리도는 일본이 1954년에 국가규격으로 채택{JIS Z 9021(관리도법), JIS Z 9022(메디안 관리도), JIS Z 9023(x관리도)}했으며, 우리나라는 1963년 5월에 KS규격(KS A 3201)으로 채택했다.

1. 품질과 산포

1) 산포의 원인

(1) 원재료, 설비 등에 관한 표준을 정해놓았지만 표준에서 정한 허용범위 안에서 변동이 생기기 때문

(2) 작업표준을 지켰지만 그 허용범위 안에서 조건이 변하기 때문

(3) 작업표준대로 작업을 실시하지 않았기 때문

(4) 작업표준 등의 표준화가 제대로 갖춰져 있지 않아 품질변동의 원인을 억제할 수 없기 때문

(5) 측정과 시험 등의 오차 때문

2) 우연원인과 이상원인

우연원인과 이상원인의 정의는 〈그림 2-30〉과 같다.

(1) 공정에서 언제나 일어나고 있는, 어쩔 수 없이 산포가 생기는 원인을 우연원인(chance cause), 불가피 원인, 억제할 수 없는 원인이라 한다.

(2) 보통 때와 다른 산포로 그냥 넘길 수 없는 어려운 원인(as-signable cause), 피할 수 있는 원인, 이상원인이라고 한다.

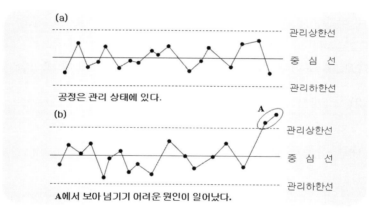

〈그림 2-30〉 우연원인과 이상원인

2. 관리도의 종류

1) $\bar{x}$-R(평균값과 범위의) 관리도
2) x(개개 측정값의) 관리도
3) $\tilde{x}$-R(메디안과 범위의) 관리도
4) pn(부적합개수의) 관리도
5) p(부적합품률의) 관리도
6) c(결점수의) 관리도

7) u(단위당 결점수의) 관리도

※ 1)~3)은 계량값에 사용하고, 4)~7)은 계수값에 사용한다.

3. $\bar{x}$ – R 관리도

이 관리도는 공정에서 채취한 시료의 길이, 무게, 시간, 인장강도 등 계량값 데이터에 대해 $\bar{x}$와 R을 사용해 공정을 관리하는 관리도로 가장 대표적이다. 작성순서는 다음과 같다.

1) 데이터 채취

약 100개의 데이터를 얻는다. 이 데이터를 크기 4~5군, 20~25조로 나눈다. 군 내에는 되도록 이질(異質)적인 데이터가 포함되지 않도록 균일하게 나눈다. 나눈 데이터를 자료표에 기입한다.

2) $\bar{x}$ 계산

각 시료군마다 시료의 평균값($\bar{x}$)을 계산한다. 일반식으로 나타내면 다음과 같다.

$$\bar{x} = \frac{x_1 + x_2 + \cdots + x_n}{n}$$

x_1 : 첫 번째 측정값, x_2 : 두 번째 측정값, x_n : n 번째 측정값, n : 시료(군)의 크기, 즉 시료군의 측정값 수

3) R 계산

각 시료군에 대하여 범위 R, 즉 시료군 중에서 가장 큰 측정값과 가장 작은 측정값과의 차이를 계산한다. 식으로 나타내면 다음과 같다.

$$R = (x의\ 최대값) - (x의\ 최소값)$$

4) 관리도 용지에 기입

모눈종이 또는 적당한 용지를 준비해 왼쪽에 $\bar{x}$와 R의 눈금을 세로로 매기고 아래쪽에서는 가로로 표본(시료)군의 번호를 매긴다. 이와 함께 관리도 용지에 데이터 이력사항 및 자료표와의 관계 등을 기입한다. 또한 원인탐구와 공정에 대한 조치사항 등을 기입하는 난을 설정한다.

5) 점 기입

관리도 용지에 두 번째와 세 번째 순서에서 구한 $\bar{x}$와 R의 값을 표시하는 점을 각각 찍는다.

6) 관리선 계산

관리도 용지에 $\bar{x}$와 R 점을 각각 20~50개 정도 찍었으면, 그때까지의 데이터에 대한 관리선으로 중심선(CL : Central Line)과 관리상한(UCL : Upper Control Limit)과 관리하한(LCL : Lower Control Limit)을 계산한다. $\bar{x}$관리도의 중심선인 $\bar{x}$의 평균 $\bar{\bar{x}}$, (x의 총평균)와 R관리도의 중심선인 R의 평균, $\bar{R}$를 계산한다. 식은 다음과 같다.

$$\bar{\bar{x}} = \sum \bar{x} \,/\, k \quad \sum \bar{x} : \text{시료군의 평균값}(\bar{x})\text{의 합계}$$
$$k : \text{시료군의 수}$$

$$\bar{R} = \sum R \,/\, k \quad \sum R : \text{범위의 합계}$$
$$k : \text{시료군의 수}$$

$\bar{x}$ 관리도의 관리한계는 다음 공식으로 계산한다.

관리상한 $UCL = \bar{\bar{x}} + A_2\bar{R}$
관리하한 $LCL = \bar{\bar{x}} - A_2\bar{R}$

A_2는 시료군 크기 n에 따라 정해지는 값으로 다음과 같다.

n	A_2	E_2	m_3A_2	D_4	D_3
4	0.73	1.46	0.796	2.28	–
5	0.58	0.58	0.691	2.11	–

n의 개수에 따른 상세한 표는 별도의 표를 참조한다. R 관리도의 관리한계는 다음 공식으로 계산한다.

관리 상한 UCL = $D_4\overline{R}$

관리 하한 LCL = $D_3\overline{R}$

여기서 D_3과 D_4는 시료군의 크게 n에 따라 정해지는 값으로 아래와 같다.

n	A_2	E_2	m_3A_2	D_4	D_3
4	0.73	1.46	0.796	2.28	–
5	0.58	0.58	0.691	2.11	–

n 개수에 따른 더 상세한 표는 별도의 표를 참조한다. 특히 n이 6 이하인 경우에는 R 관리도의 LCL은 0 이하의 값이 되므로 고려하지 않아도 된다.

7) 관리선 기입

(1) $\overline{x}$ 관리도에 $\overline{\overline{x}}$ 의 값을 실선으로 기입한다.

(2) UCL과 LCL의 값을 각각 점선으로 기입한다.

(3) R 관리도에 $\overline{R}$ 값을 실선으로 기입한다.

(4) UCL과 LCL 값을 각각 점선으로 기입한다.

8) 관리상태 여부 조사

기입한 점이 전부 관리한계 안에 있으면 그 데이터를 채취한 제조공정은 관리상태(또는 안정상태)에 있다고 생각해도 좋다. 그런데 관리한계 밖으로 벗어나는 점이 있다는 것은 그냥 지나칠 수 없는 어려운 원인이 있다는 뜻이므로 원인을 조사한다. 점이 관리한계 위에 있는 경우도 관리한계 밖으로 벗어난 것으로 본다. $\bar{x}$-R 관리도 작성사례는 〈그림 2-31〉과 같다.

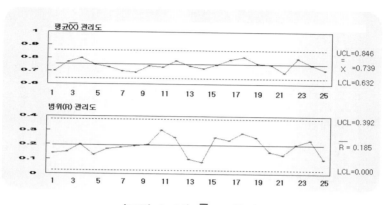

〈그림 2-31〉 $\bar{x}$-R 관리도

4. x 관리도와 x-Rs 관리도

1) 합리적인 군으로 나눌 수 있는 경우(x 관리도)

군을 구분해 $\bar{x}$-R 관리도를 적용해도 관리가 되지만 보아 넘기기 어려운 원인을 재빨리 발견해 제거하려고 할 경우에는 이 관리도를 사용해 개개의 데이터를 관리한다. 이 관리도에 $\bar{x}$-R 관리도를 병용하면 유익한 정보를 많이 얻을 수 있다. 작성순서는 다음과 같다.

(1) 데이터 채취

합리적 군이라고 생각하는 것 중에서 크기 4~5 정도의 시료를 약 20~25군을 채취해 측정한다. 그리고는 데이터를 자료표에 기입한다.

(2) x 계산

각 군에 대해 평균값($\bar{x}$)을 계산한다. 일반식으로 나타내면 다음과 같다.

$$\bar{x} = \frac{x_1 + x_2 + \cdots x_n}{n}$$

x_1 : 첫 번째 측정값, x_2 : 두 번째 측정값, x_n : n 번째 측정값, n : 시료(군)의 크기, 즉 시료군의 측정값 수

(3) R 계산

각 군에 대해 범위 R을 계산한다. 식으로 나타내면 다음과 같다.

$$R = (x의\ 최대값) - (x의\ 최소값)$$

(4) 관리도 용지에 기입

관리도 용지를 준비해 측정값(x)을 점으로 기입한다.

(5) 관리선 계산

x 관리도의 관리선을 다음 공식에 의거해 구한다.

- 중심선 $\bar{\bar{x}}$
- 관리상한 UCL = $\bar{\bar{x}} + E_2\bar{R}$
- 관리하한 LCL = $\bar{\bar{x}} - E_2\bar{R}$

$$\bar{\bar{x}} = \frac{\sum \bar{x}}{k}$$

$$\bar{R} = \frac{R_1 + R_2 + \cdots + R_k}{k}$$

E_2는 시료 크기 n에 의하여 정해지는 계수로 다음과 같다.

n	A_2	E_2	m_3A_2	D_4	D_3
4	0.73	1.46	0.796	2.28	–
5	0.58	0.58	0.691	2.11	–

n의 개수에 따른 더 상세한 표는 별도의 표를 참조한다.

(6) 관리선 기입

관리도의 중심선 $\bar{\bar{x}}$ 는 실선으로, UCL과 LCL은 점선으로 기입한다.

(7) 관리상태 여부 조사

기입한 점이 전부 관리한계 안에 있으면 그 데이터를 채취한 제조공정은 안정상태에 있다고 생각해도 좋다. 관리한계 밖으로 나온 점이 있으면 보아 넘기기 어려운 일이 있으므로 그 원인을 조사한다.

2) 합리적인 군으로 나눌 수 없는 경우($x - R_s$ 관리도)

다음과 같은 경우에 사용하면 편리하고 유익하다.
① 1로트 또는 1배치로부터 1개의 측정값밖에 얻을 수 없을 때
② 정해진 공정(로트)의 내부가 균일하여 많은 측정값을 얻어도 의미가 없을 때
③ 측정값을 얻는데 기간이나 경비가 많이 들어 정해진 공정으로부터 현실적으로 1개의 측정값밖에 얻을 수 없을 때

(1) 데이터 채취

k=20~25군으로부터 각각 한 개씩의 시료를 채취하여 측정한다.

(2) x 계산

데이터의 평균값 $\bar{x}$ 를 계산한다. 이것을 일반식으로 나타내면 다음과 같다.

$$\bar{x} = \frac{x_1 + x_2 + \cdots + x_k}{k}$$

x_1 : 첫 번째 측정값, x_2 : 두 번째 측정값, x_k : k번째 측정값
k : 시료(군)의 크기, 즉 시료군의 측정값의 수

(3) Rs 계산

서로 인접한 두 측정값의 차, Rs(이동범위)를 계산한다. 이것을 일반식으로 표시하면 다음과 같다.

$$Rs_i = |(i번째의\ 측정값) - (i+1번째의\ 측정값)|$$

(4) 관리도 용지에 기입

관리도 용지를 준비하여 측정값 x와 이동범위 Rs를 각각 기입한다.

(5) $\overline{Rs}$ 계산

Rs의 평균값 $\overline{Rs}$를 계산한다. 이것을 일반식으로 표시하면 다음과 같다.

$$\overline{Rs} = \frac{Rs_1 + Rs_2 + \cdots + Rs_{(k-1)}}{k-1}$$

(6) 관리선 계산

순서(2)와 순서(5)의 결과를 사용해 관리한계를 다음 공식에 따라 계산한다.

- 중심선 $\overline{x}$
- 관리상한 UCL $= \overline{x} + 2.66\overline{Rs}$
- 관리하한 LCL $= \overline{x} - 2.66\overline{Rs}$

여기서 2.66은 n=2일 때의 E_2 값임

(7) 관리선 기입

관리도 용지에 중심선을 실선으로, UCL · LCL을 점선으로 기입한다.

(8) 관리상태에 있는지 여부를 조사한다

기입한 점이 전부 관리한계 안에 있으면 그 데이터를 채취한 공정은 안정상태에 있다고 생각해도 좋다. 관리한계 밖으로 벗어나는 점이 있으면 보아 넘기기 어려운 일이 있으므로 그 원인을 조사한다.

x-Rs 관리도 작성사례는 〈그림 2-32〉와 같다.

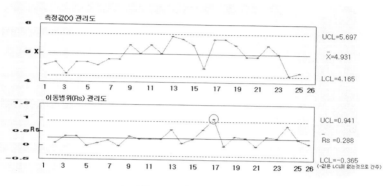

〈그림 2-32〉 x-Rs 관리도

5. $\tilde{x}$-R 관리도

이 관리도는 평균값 $\bar{x}$를 계산하는 시간과 노력을 줄이기 위해 $\bar{x}$ 대신에 $\tilde{x}$(메디안=median, 중앙값)을 사용한다. $\tilde{x}$은 엑스틸드(tilde)라고도 한다. $\tilde{x}$ 관리도의 작성방법은 $\bar{x}$-R 관리도와 거의 같다.

1) 데이터 채취

$\bar{x}$-R 관리도의 경우와 같이 데이터를 채취한다.

2) $\tilde{x}$을 구한다

각 시료군에 대해 $\tilde{x}$을 다음과 같이 구한다. 한 시료군 내에 있는 각 측정값을 크기 순서대로 차례로 늘어놓고, 측정값의 수가 홀수인 경우에는 각 값들 중에 중앙에 해당하는 값을 $\tilde{x}$으로 한다. 예를 들면, 크기(n)=5인 시료에 대한 측정값이 47, 32, 44, 35, 22인 경우, 이것을 우선은 크기 순서대로 늘어놓는다. 그러면 22, 32, 35, 44, 47이 된다. 5개 중 중앙에 있는 값이 35이므로, 35를 $\tilde{x}$으로 한다.

한편, 시료의 크기(n)가 짝수인 경우에는 데이터를 차례로 늘어놓고, 중앙에 해당하는 두 개의 값을 평균하여 이를 $\tilde{x}$으로 한다. 예를 들어, n=4인 시료의 각 측정값이 22, 32, 35, 44라고 하면, 중앙에 해당하는 32와 35를 평균한 값을 $\tilde{x}$으로 한다. 즉, 이때 $\tilde{x}$은 (32+35)/2로 33.5가 된다.

시료의 크기가 짝수이면 엑스메디안($\tilde{x}$)을 구할 때 평균값을 계산해야 하기 때문에 엑스메디안 관리도에서는 시료크기를 홀수로 해야 취급하기가 편리하다.

3) R 계산

각 시료군마다 R을 구한다.

$$R = (x의\ 최대값) - (x의\ 최소값)$$

4) 관리도 용지에 기입

관리도 용지를 준비해 엑스메디안($\tilde{x}$) 값과 범위 R 값을 적는다.

5) 관리선 계산

(1) $\tilde{x}$ 관리도 중심선

$$\bar{\tilde{x}}(엑스메디안\ 평균) = \frac{\Sigma\tilde{x}}{k}$$

$\Sigma\tilde{x}$: 메디안의 합

k : 시료군의 수

(2) R 관리도 중심선

$$\bar{R} = \frac{\Sigma R}{k}$$

ΣR : 범위의 합

k : 시료군의 수

$\tilde{x}$(엑스메디안)관리도의 관리한계는 다음 공식에 따라 계산한다.

　관리상한　UCL = $\bar{\tilde{x}}$(엑스메디안 평균) + $m_3 A_2 \bar{R}$

　관리하한　LCL = $\bar{\tilde{x}}$(엑스메디안 평균) − $m_3 A_2 \bar{R}$

여기서 $m_3 A_2$는 시료크기(n)에 따라 정해지는 값으로 다음과 같다.

n	A_2	E_2	$m_3 A_2$	D_4	D_3
4	0.73	1.46	0.796	2.28	−
5	0.58	0.58	0.691	2.11	−

n의 개수에 따른 더 상세한 표는 별도의 표를 참조한다.
R 관리도의 관리한계는 다음 공식에 따라 계산한다.

　관리상한　UCL = $D_4 \bar{R}$
　관리하한　LCL = $D_3 \bar{R}$

여기서 D_3, D_4는 시료크기(n)에 따라 값이 정해지며 다음과 같다.

n	A_2	E_2	$m_3 A_2$	D_4	D_3
4	0.73	1.46	0.796	2.28	−
5	0.58	0.58	0.691	2.11	−

n의 개수에 따른 더 상세한 표는 별도의 표를 참조한다. 특히 n이 6 이하인 경우에는 R관리도의 LCL은 생각하지 않는다.

6) 관리선 기입

$\tilde{x}$(엑스메디안) 관리도에서 $\bar{\tilde{x}}$(엑스메디안 평균)의 값은 실선으로, UCL·LCL의 값은 점선으로 기입한다. 그리고 R관리도에서 R의 값은 실선으로, UCL·LCL의 값은 점선으로 각각 기입한다.

7) 관리상태 여부를 조사한다

기입한 점이 전부 관리한계 안에 있으면 그 데이터를 채취한 제조공정은 안정상태에 있다고 판단해도 된다. 관리한계 밖으로 벗어난 점이 있으면 문제가 있다는 뜻이므로 그 원인을 조사한다. 점이 관리한계상에 있을 때는 밖으로 벗어난 것으로 본다.

$\tilde{x}$(엑스메디안) − R 관리도 작성사례는 〈그림 2-33〉과 같다.

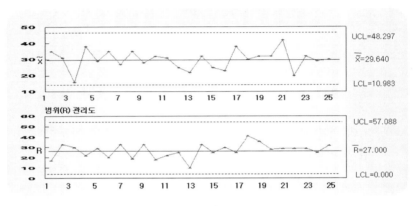

〈그림 2-33〉 $\tilde{x}$(엑스메디안) −R 관리도

6. pn 관리도

공정을 부적합개수 pn에 기초해 관리할 경우에 사용한다. 이때는 시료크기가 일정해야 한다. 이 관리도는 양호한 제품의 개수와 2등급 제품의 개수 등 전체가 아닌 일부 또는 특정 제품의 개수를 관리할 때도 사용할 수 있다.

1) 데이터 채취

공정의 부적합품률을 예측하여 시료 중 대략 평균적으로 1~5개 정도의 부적합개수가 포함될 수 있는 크기(n)의 시료를 약 20~25군을 채취하여 각 시료군 중에 포함된 부적합품 개수를 조사·측정한다.

시료군 크기(n)를 정할 때는 부적합품률 p를 예상하여 시료 중에서 1~5개의 부적합품이 포함될 수 있도록 한다. 즉, pn = 1~5, n = 1/p~5/p 정도로 한다. 부적합 백분율이 약 5% 정도로 예상되면, n = 1~5/0.05 = 20~100 으로 한다.

2) 관리도 용지에 기입

관리도 용지를 준비해 세로축에 부적합개수 눈금을, 가로축에 시료군 번호 눈금을 세기고 각 군의 부적합개수(pn)의 수를 표시하는 점을 찍는다.

3) 관리선 계산

중심선 $\overline{P_n}$ = Σpn / k

pn : 각 군의 부적합개수

Σpn : 부적합개수의 총합

k : 시료군의 수

다음 식에 따라 관리한계를 계산한다.

관리상한 UCL = $\overline{P_n} + 3\sqrt{\overline{P_n}(1-\overline{p})}$

관리하한 LCL = $\overline{P_n} - 3\sqrt{\overline{P_n}(1-\overline{p})}$

$\overline{p}$, 즉 공정 평균 부적합품률은 다음 식에 따라 구한다.

$$\overline{p} = \frac{\Sigma pn}{\Sigma n} = \frac{\Sigma pn}{kn}$$

Σn : 검사 개수의 총합

계산결과, LCL이 음(-)으로 되는 경우가 있는데 이때는 LCL에 대해 생각하지 않는다.

4) 관리선 기입

관리도에 중심선 $\overline{P_n}$ 값은 실선으로, UCL · LCL은 점선으로 기입한다.

5) 관리상태 여부를 조사한다

관리상태 여부를 조사하는 방법은 $\bar{x}$ – R관리도나 x관리도의 경우와 같다.

pn 관리도 작성사례는 〈그림 2-34〉와 같다.

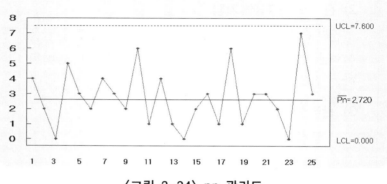

〈그림 2-34〉 pn 관리도

7. p 관리도

p 관리도는 공정을 부적합품률(p)에 기초해 관리할 경우 사용한다. 작성방법은 pn 관리도와 거의 같으나 단, 관리한계 계산식이 조금 다르며, 시료크기가 다를 때에는 n에 따라 관리한계 폭이 변한다.

1) 데이터 채취

공정 부적합품률을 예측해 시료 중 부적합개수가 평균적으로 1~5개 정도 포함될 수 있는 크기(n)의 시료를 약 20~25군 채취하여 조사·측정한다.

2) p 계산

각 군마다 부적합품률(p)을 계산한다. 일반식으로 나타내면 다음과 같다.

$$p = pn / n$$

pn : 시료 중 부적합개수

n : 군내 시료의 크기

pn은 검사를 통해 직접 얻는 수치이므로 p는 pn을 n으로 나눠서 얻는다. 예를 들면, 50개의 물품을 검사해 부적합품 3개를 발견했으면, 부적합품률은 3을 50으로 나눈(p=3/50) 0.06이 된다.

3) 관리도 용지에 기입

관리도 용지에 순서 2에서 구한 p 값에 해당하는 위치에 점을 찍는다.

4) 관리선 계산

관리도에 기입한 데이터와 관련한 관리선을 계산한다.

$$\text{중심선 } \bar{p} = \sum pn / \sum n$$

$\sum pn$: 부적합개수의 총합

$\sum n$: 검사개수의 총합

관리한계는 다음 공식에 따라 계산한다.

$$\text{관리상한 UCL} = \bar{p} + 3\sqrt{\frac{\bar{p}(1-\bar{p})}{n}}$$

$$\text{관리하한 LCL} = \bar{p} - 3\sqrt{\frac{\bar{p}(1-\bar{p})}{n}}$$

이 식들은 다음과 같이 고쳐서 쓸 수도 있다.

$$\bar{p} \pm A\sqrt{p(1-\bar{p})}$$

여기서 $A = \dfrac{3}{\sqrt{n}}$ 이다. LCL은 계산의 결과 음(-)이 되는 경우도 있는데 이 경우에는 관리하한에 대해 생각하지 않는다.

5) 관리선 기입

p 관리도 위에 $\bar{p}$ 의 값은 실선으로, UCL·LCL의 값은 점선으로 기입한다.

6) 관리상태 여부를 조사한다

관리상태 여부 조사방법은 $\bar{x}$ – R관리도나 x 관리도의 경우와 같다. p 관리도 작성사례는 〈그림 2-35〉과 같다.

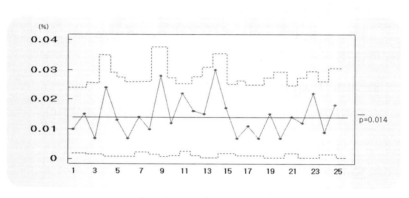

〈그림 2-35〉 p 관리도

8. C 관리도

c 관리도는 어느 일정한 단위에 포함된 결점수를 취급할 때 사용한다. 예를 들어, 자동차 한 대에서 발생하는 외관 부적합개수 등과 같이 미리 정해진 단위의 결점수를 관리할 때 이용한다.

1) 데이터 채취

약 20~25군 정도의 시료군을 채취하여 각 시료군의 결점 수(c)를 조사한다. 시료군의 크기(n)는 공정 결점수를 예측해 시료 중 결점수가 평균적으로 1~5개 정도 포함될 수 있도록 한다.

2) 관리도 용지에 기입

관리도 용지를 준비하고 첫 번째 순서에서 구한 결점 수(c) 값
이 해당하는 위치에 점을 찍는다.

3) 관리선 계산

관리도에 기입한 데이터를 바탕으로 관리선을 계산한다.

중심선 $\bar{c} = \sum c \, / \, k$

$\sum c$ = 결점 수의 총합

k = 시료군의 수

관리한계는 다음 공식에 따라 계산한다.

관리상한 UCL = $\bar{c} + 3 \sqrt{\bar{c}}$

관리하한 LCL = $\bar{c} - 3 \sqrt{\bar{c}}$

LCL을 계산한 결과, 음(−)으로 되는 경우가 있는데 이때는 관리
하한에 대해 생각하지 않는다.

4) 관리선 기입

관리도 위에 $\bar{c}$ 의 값은 가로 실선으로, UCL · LCL 값은 가로 점
선으로 기입한다.

5) 관리상태 여부를 조사한다

기입한 점이 모두 관리한계 안쪽에 있으면 그 데이터를 채취한
제조공정은 안정상태에 있다고 판정해도 된다. 관리한계 밖으로
벗어나거나 한계선상에 점이 있으면 그대로 넘어가서는 안 되는
문제가 있다는 뜻이므로 원인을 조사한다.

c 관리도 작성사례는 〈그림 2−36〉과 같다.

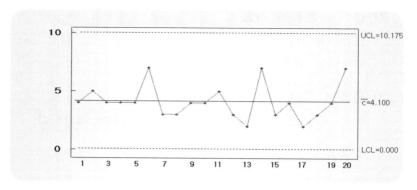

〈그림 2-36〉c 관리도

9. U 관리도

u 관리도는 직물의 얼룩, 에나멜 동선의 핀홀 등과 같은 결점 수를 취급할 때 등, 검사하는 시료의 면적이나 길이 등이 일정하지 않은 경우에 사용한다.

1) 데이터 채취

약 20~25군의 시료를 채취하여 시료의 단위(면적, 길이, 시간, 대수, 무게 등)와 시료 내의 결점 수를 조사한다. 시료크기(n)는 공정의 결점 수를 예측하여 시료 중 결점 수가 평균 1~5개 정도 포함되도록 한다.

2) u 계산

결점 수(c)를 시료크기(n)로 나눠 단위당 결점 수를 구한다. 식으로 나타내면 다음과 같다.

$$u = \frac{c}{n}$$

c : 시료 중의 결점 수
n : 시료의 크기

예를 들어 1,500m의 에나멜 동선을 검사하였더니 핀홀이 5개 있었다. 1,000m당 결점 수(u)는 다음과 같다.

$$n = \frac{1,500}{1,000} = 1.5$$

$$u = \frac{5}{1.5} = 3.33$$

3) 관리도에 기입

관리도 용지 위에 두 번째 순서에서 구한 u 값을 표시하는 점을 찍는다.

4) 관리선 계산

관리도에 기입한 데이터와 관련한 관리선을 계산한다.

$$중심선 \; \bar{u} = \frac{\sum c}{\sum n}$$

$\sum c$: 결점 수의 총합

$\sum n$: 표본(단위)의 총합

관리한계는 다음 공식에 따라 계산한다.

$$관리상한 \; UCL = \bar{u} + 3\sqrt{\frac{u}{n}}$$

$$관리하한 \; LCL = \bar{u} - 3\sqrt{\frac{u}{n}}$$

LCL을 계산한 결과, 음(−)으로 되는 경우가 있는데 이때는 관리하한에 대해 생각하지 않는다.

5) 관리선 기입

$\bar{u}$ 값은 실선으로, LCL과 LCL 값은 점선으로 기입한다.

6) 관리상태 여부를 조사한다.

관리상태 여부 조사방법은 c 관리도에서 설명한 경우와 같다.
u 관리도 작성사례는 〈그림 2-37〉과 같다.

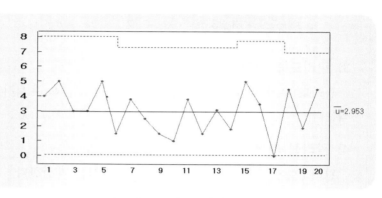

〈그림 2-37〉 u 관리도

10. 관리도 평가 방법

1) 관리상태의 판정

1) 점이 관리 한계선을 벗어나지 않는다(관리 이탈의 점이 없다.)
2) 점의 배열에 아무런 습관성이 없다.

1)의 기준(점이 관리 한계를 벗어나지 않는다)에서는 다음과 같은 경우에도 공정은 관리 상태에 있다고 판단할 수 있다.

- 연속 25점 모두가 관리 한계 안에 있을 때
- 연속 35점 중 한계를 벗어나는 점이 1점 이내 일 때
- 연속 100점 중 한계를 벗어나는 점이 2점 이내 일 때

2)의 기준(점의 배열에 습관성이 없다)은 보충적인 것으로서 한계 안에 있는 점을 보는 방법이다.

점의 배열의 습관성이라는 것은 다음의 경우를 말한다.

- 런(run)이 나타난다.
- 경향이나 주기성이 나타난다.
- 중심선의 한쪽에 점이 많이 나타난다.
- 점이 관리 한계선에 접근하여 여러 개 나타난다.

① 런(run)

중심선의 한쪽에 연속해서 나타난 점을 런(run)이라 한다. 런의 길이란 한쪽에 연이은 점의 수를 말한다. 하나의 점의 계열이 있을 경우 그 중에서도 가장 긴 런의 길이를 척도로 삼아 그 계열에 습관성이 있는지 없는지를 판단해나간다.

런의 수란 하나의 점의 계열 전체를 통해서 나타난 런의 개수를 말한다. 런의 길이가 7점 이상이 되는 런이 나타나면 이상이라고 판단하여 그 원인을 찾아 보는 것이 좋다. 5~6점의 경우에는 공정을 주의하여 살피는 것이 원인을 찾는데 도움이 된다.

2) 경향

경향(trend : 傾向)이란 점이 점점 올라가거나 내려가는 상태를 말한다. 〈그림 2-38(a)〉와 같이 점이 계속해서 올라가거나 내려가는 경우와, 〈그림 2-38(b)〉와 같이 파동을 나타내면서 올라가거나 내려가고 있는 두 가지 경우가 있다.

경향이 급하거나, 아니면 장기간에 걸쳐 있을 경우에는 한계를 벗어나는 점이 생겨나게 마련이다.

관리도에 경향이 나타난 때에는 그 특성과 상관이 있는 것, 즉 같은 경향을 나타내는 것의 원인을 파악하여, 그것을 제거해야 한다.

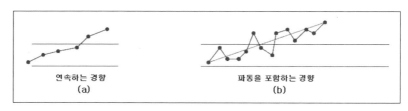

〈그림 2-38〉 경향의 보기

3) 주기

점이 주기(cycle : 週期)적으로 상하로 변동하여 물결모양(波形)을 나타내는 경우를 말한다.

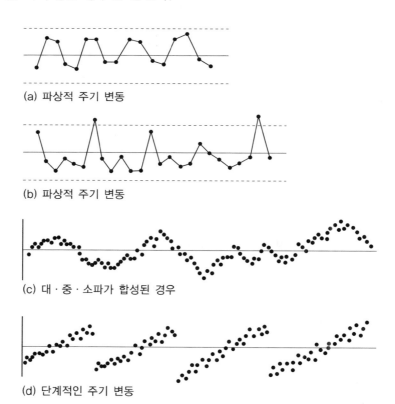

(a) 파상적 주기 변동

(b) 파상적 주기 변동

(c) 대 · 중 · 소파가 합성된 경우

(d) 단계적인 주기 변동

〈그림 2-39〉 여러가지 주기적 변동

점이 관리 한계 안에 들어 있어도 〈그림 2-39〉의 (a)나 (b)와 같이 어떤 주기를 가지고 파상적인 변동을 나타낼 경우와 (c)와 같이 대파(大波)·중파(中波)·소파(小波)가 합성되어 나타내는 경우, 또 (d)와 같이 어떤 주기를 가지고 단계적인 경향을 나타내는 경우, 때로는 서로 다른 주기가 합성되어 나타나는 수도 있다.

주기의 해석을 엄밀히 하려면 시계열 해석법이 필요하나, 이는 계산이 번거롭기 때문에 관리도에서는 주기의 크기(진폭)를 짐작으로 판단하는 것으로도 충분하다. 이 때 불규칙적인 소파는 무시하고 중파와 대파만을 가려 내는 것이 좋다.

4) 중심선의 한쪽에 점이 잇따라 여러 개 나타날 때

중심선의 한쪽으로 다음과 같이 연속해서 많은 점이 나타날 때에는 공정이 관리 상태에 있지 않다고 판단한다.

- 중심선의 한쪽으로 7점 이상이 계속될 때
- 연속된 11점 중 10점 이상
- 연속된 14점 중 12점 이상
- 연속된 17점 중 14점 이상
- 연속된 20점 중 16점 이상

이 때는 그 구간에 있어서의 공정 평균이 점이 많은 쪽으로 옮겨진 것이 아닌가 하고 의심해 보아도 좋으며, 그 원인을 찾아 보면 기술상 유익한 지식을 얻는 경우가 많다.

5) 점이 관리 한계에 접근해서 나타날 때

관리 상태의 분포에서 생각해 보면, 점이 관리 한계선 가까이 나타날 확률은 아주 적다. 따라서 점이 한계선 근처에 잇따라 나타날 수 있는 확률은 더욱 적으므로 다음과 같은 경우 (〈그림 2-40〉 참조)에는 무엇인가 이상 원인이 생겼다고 판단할 수 있다.

- 연속된 3점 중 2점 이상
- 연속된 7점 중 3점 이상
- 연속된 10점 중 4점 이상

3σ 관리 한계선에 접근해 있다는 판정의 기준은 2σ선(중심선에서 관리 한계까지 거리의 2/3에 해당)을 벗어나는 것으로 한다. 여기서 2σ밖으로 벗어나는 점이 상하 어느 한 쪽이거나, 양쪽을 합한 것이거나 모두 이상 원인이 있다고 본다.

예를 들면 일반적으로 x 관리도에서 점이 상하에 나타났을 때에는 R관리도의 점도, R보다 위쪽으로 많이 나타나게 된다. x만 상하로 2σ 밖에 벗어나고 R는 변하지 않았을 때에는 공정 평균의 변동이 심하다는 것을 나타낸다. R관리도에서 위쪽으로 2σ 밖에 점이 계속해서 나타날 때에는 군내의 산포가 커졌다는 것을 의미한다.

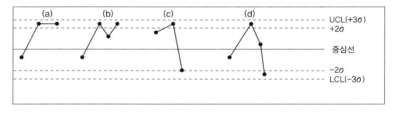

〈그림 2-40〉

6) 특수한 상태가 나타나는 경우

여기서 기술하는 것은 대부분 작성 방법이 부적당하기 때문에 생기는 수가 많다.

☞ 중심선 가까이 점들이 모이는 관리도

〈그림 2-42〉의 A, B, C와 같은 3개의 분포(평균값이 다른)에서 한 개식의 데이터를 취해서 n=3 으로 군 구분하면, 〈그림 2-41〉에서 보는 것처럼 점이 중심선 가까이에 모이게 된다.

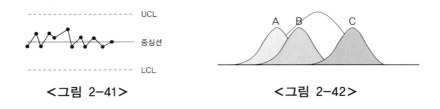

<그림 2-41>   <그림 2-42>

예를 들면 3교대 작업반이 있는데 C반이 다른 반과 조금 차이를 나타내고 있음에도 A, B, C조의 데이터를 모아 1일분으로 군 구분 하는 것과 같은 경우다.

☞ 한계를 벗어나는 점이 너무 많은 관리도

x 관리도나 n이 큰 p관리도에 자주 보인다.

x 관리도의 경우는 군내의 산포가 군간의 변동, 즉 x의 변동에 비해서 너무 작기 때문이며, 이러한 관리도는 관리를 하는데 쓸모 가 없다.

시료의 채취 방법, 군 구분의 방법을 바꾸어서 군내의 변동이 좀 더 커지도록 해야 한다.

p관리도의 경우는 n이 지나치게 크기 때문이며, 예를 들면 전수 검사를 행한 결과의 데이터를 그대로 사용하여 p관리도를 그렸을 때 이런 현상이 나타난다.

이 때에는 부적합항목을 층별하거나, 시료를 몇 개의 로트로 나 누어 부적합품률을 계산하거나, 그렇게 하기가 곤란하다면, p의 변동이 비교적 적을 경우에는 p를 x라고 생각하여 x관리도를 그 리면 잘 될 때도 있다.

Chapter 03

신QC 7가지 기법

남보다 더 많이 먹으려면
밥그릇도 커야하고 숟가락도 커야하고 빨리 씹고…

으이그 돼지!!!

신QC 7가지 기법은 언어 데이터를 정리하기 위한 기법으로 매트릭스도법, 연관도법, 계통도법, 친화도법, 애로우다이어그램법, PDPC법, 매트릭스데이터해석법 등으로 구성되어 있다. 이 기법들은 독립적으로 사용할 수도 있고, 경우에 따라서는 QC 7가지 기법과 혼합하여 사용함으로써 문제해결에 큰 도움을 받을 수 있다. 신QC 7가지 기법의 구성요소를 그림으로 표현하면 〈그림 3-1〉과 같다.

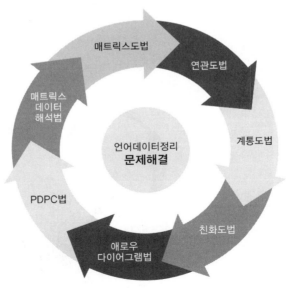

〈그림 3-1〉 신QC 7가지 기법 구성요소

① 매트릭스도법(Matrix Diagram)

1. 정의

다원적 사고(多元的 思考)를 통해 문제점을 명확히 하는 방법

2. 목적

문제해결의 실마리가 될 사항이나 요소들을 뽑아내 〈그림 3-2〉와 같이 구성해 각 요소들이 서로 교차하게 한다. 요소와 요소가 만나는 교점에서 두 개의 요소 사이에 연관성이 있는지, 연관성이 있다면 어느 정도 있는지 여부를 파악함으로써 문제해결의 실마리를 얻는다.

A \ B	b_1	b_2	....	b_j	....	b_n
a_1						
a_2						
⋮						
a_i						
⋮						
a_m						

〈그림 3-2〉 매트릭스도 개념

3. 작성순서

1) 문제해결의 실마리가 된다고 생각하는 요소들을 정한다

▷ 행과 열 사용 예시

요구(needs) vs 발원(seeds) / 요구품질 vs 대용특성 / 보증특성 vs 공정관리항목 / 특성 vs 요인 / 이상현상 vs 원인 / 부적합원인 vs 공정 / 부적합원인 vs 대책 / 관리기능 vs 업무기능 / 제품기능 vs 공정기능 / 하드웨어기능 vs 소프트웨어기능 / 상위방침 vs 나의 업무 / 보증특성 vs 시험측정항목

2) 매트릭스도 형식을 택한다

종류는 L형, T형, Y형, X형, P형, C형 등 6종이 있다. 문제에 따라 적합한 것을 선택해 사용한다.

(1) L형 매트릭스

L형 매트릭스도는 〈그림 3-3〉에서 보는 것과 같이 A와 B의 요소를 L형으로 배치한 이원 매트릭스도다. 모든 매트릭스도의 기본이 되는 형식이다.

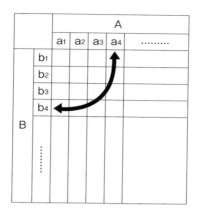

〈그림 3-3〉 L형 매트릭스

(2) T형 매트릭스

T형 매트릭스도는 〈그림 3-4〉에서 보는 것과 같이 A와 B의 L형 매트릭스도와 A와 C의 L형 매트릭도를 합한 것으로, A를 공통으로

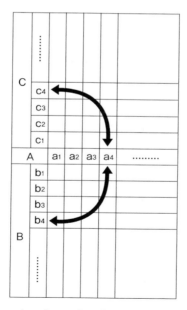

〈그림 3-4〉 T형 매트릭스

해서 T자형으로 짜 맞춘 매트릭스도이다. A와 B, A와 C의 관계를
한눈에 파악할 수 있다.

(3) Y형 매트릭스

Y형 매트릭스는 〈그림 3-5〉와 같이, A와 B, B와 C, C와 A 등
이렇게 세 개의 L형 매트릭스를 이용해서 A, B, C를 Y자형으로
짜 맞춘 매트릭스도이다. A와 B·C, B와 A·C, C와 A·B 등의
관계를 파악할 수 있다.

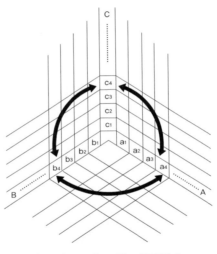

〈그림 3-5〉 Y형 매트릭스

(4) X형 매트릭스

X형 매트릭스는 〈그림 3-6〉과 같이 A와 B, B와 C, C와 D, D와
A 등 4개의 L형 매트릭스를 이용해서 A, B, C, D를 X자형으로 짜
맞춘 매트릭스도이다. A와 B·D, B와 A·C, C와 B·D, D와 A·
C의 관계를 파악할 수 있다. X형 매트릭스 변형으로 〈그림 3-7〉
과 같이 일부 결합이 있는 경우도 있다.

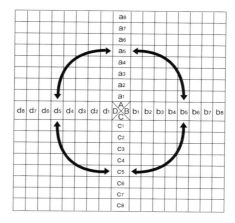

〈그림 3-6〉 X형 매트릭스

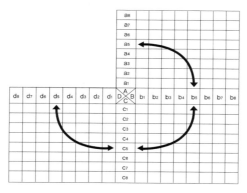

〈그림 3-7〉 X형 매트릭스 변형

(5) P형 매트릭스

　P형 매트릭스는 다각형(polygon)으로 나타낸 매트릭스도로 〈그림 3-8〉은 5각형으로 5개의 결합을, 〈그림 3-9〉는 6각형으로 6개의 결합을 나타낸 것이다. P형 매트릭스는 X형 매트릭스와 마찬가지로 〈그림 3-10〉과 같이 일부 결합이 없는 경우도 있다.

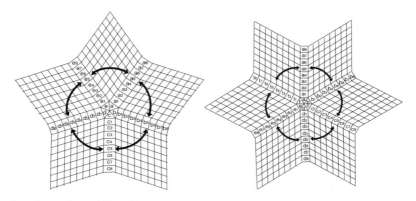

〈그림 3-8〉 5각형 P형 매트릭스　　〈그림 3-9〉 6각형 P형 매트릭스

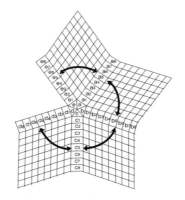

〈그림 3-10〉 P형 매트릭스 변형

(6) C형 매트릭스

　C형 매트릭스는 〈그림 3-11〉과 같이 A, B, C 각각을 변으로 하는 입방체(cube)로 나타내는 매트릭스도이다. A, B, C 각 요소의 결합은 3차원 공간상의 점이 된다.

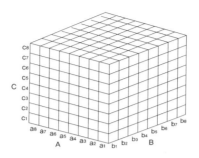

〈그림 3-11〉C형 매트릭스

　C형 매트릭스는 3차원 공간상의 점을 평면 위에 나타낼 수가 없으므로 〈그림 3-12〉와 같은 전개도로 나타낸다. 〈그림 3-12〉와 같이 3개의 L형 매트릭스로 분할하고 분할된 것을 바탕으로 문제해결의 실마리를 생각하고, 이들로부터 얻은 실마리를 다시 결합해 생각한다.

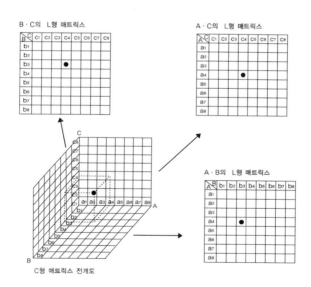

〈그림 3-12〉3개의 L형 매트릭스로 분할한 C형 매트릭스

〈그림 3-12〉에 표시한 3개의 L형 매트릭스를 하나의 Y형 매트릭스도 모을 수 있다. C형 매트릭스에서 3차원 공간에 위치한 모든 교점을 나타내려면 〈그림 3-13〉에서와 같은 삼원(三元) 매트릭스를 이용하면 된다. 이 표시방법을 응용하면 4개 이상의 요소를 g120결합해도 교점을 평면에 나타내는 것이 가능하다.

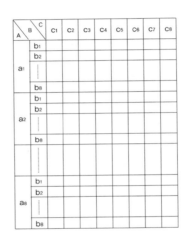

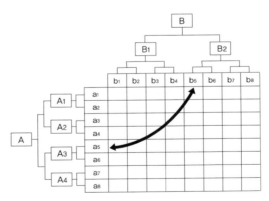

〈그림 3-13〉 삼원 매트릭스

3) 행과 열에 배열할 요소를 정한다

4) 요소들의 관련 유무 또는 정도를 표시한다

(1) 2단계 평가

관계있음 = ○ 관계없음 = ×

(2) 3단계 평가

대 = ◎ 중 = ○ 소 = △

(3) 4단계 평가

대 = ● 중상 = ◎ 중하 = ○ 소 = △

(4) 5단계 평가

대 = ● 중상 = ◉ 중 = ◎ 중하 = ○ 소 = △

5) 문제해결의 실마리를 찾는다

두 가지 방법이 있다. 하나는 관련 있는 교점으로부터 실마리를 얻는 것(〈그림 3-14〉 참조)이고, 다른 하나는 관련 있는 교점의 관련 정도(계량치로 표시)를 살펴봄으로써 실마리를 찾는 방법(〈그림 3-15〉 참조)이다.

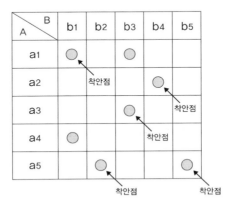

〈그림 3-14〉 교점을 통해 실마리를 얻는 방법

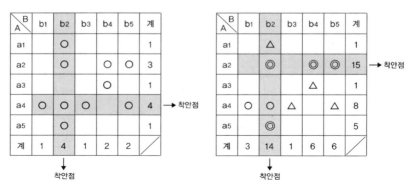

〈그림 3-15〉 교점의 관련 정도로부터 실마리를 찾는 방법

4. 개선활동에서 활용하기

1) L형 매트릭스

〈그림 3-16〉은 주제선정 시 적합성 검토를 위해 L형 매트릭스를 사용한 예이다.

	기호	점수	적용기준
범	◎	10	10명이상찬성
	○	5	7명이상찬성
례	△	3	3명이상찬성
	×	1	2명이하찬성

No	제출안건 \ 검토항목	전원 참여도	해결 가능성	부서 방침	해결 시급성	기대 효과	평점	순위	제안자
1	내경부적합률 감소로 품질향상	○	○	○	◎	◎	36	2	송윤섭
2	소유불량 감소로 품질향상	◎	○	◎	◎	◎	45	1	최재형
3	정도조정시간 단축으로 가동율 향상	◎	△	○	○	○	28	4	전병식
4	의륜궤도 연삭 Wheel Life 증가로 원가 절감	△	◎	◎	△	○	31	3	함대석

〈그림 3-16〉 L형 매트릭스 사용 예

2) T형 매트릭스

〈그림 3-17〉은 주제선정 시 적합성 검토를 위해 T형 매트릭스를 사용한 예이다.

범례	표시		○	△	×
	점수		5	3	1

품질		회사방침	부서방침	회사검토사항 / 분임조검토사항 주제대상항목	해결	적합성	전원	효과	점수	순위	제안자
△	○	△	△	LAY OUT 변경으로 작업 LOSS 절감	○	△	△	×	26	2	장기동
○	△	×	○	운반지그 개선으로 이동시간 감소	○	○	△	△	23	4	최덕윤
○	△	△	×	철심조임쇠 구분으로 생산성 향상	△	△	△	×	22	5	강태국
○	△	△	△	열처리 설비 개선으로 부적합감소	○	△	×	○	28	1	이종훈
○	△	×	△	자재 취급방법 개선으로 원가 절감	△	△	○	×	24	3	김기현

〈그림 3-17〉 T형 매트릭스 사용 예

② 연관도법(Relation Diagram)

1. 정의

  복잡한 요인이 얽혀 있는 문제들의 인과관계(因果關係)를 명확히 함으로써 해결책을 찾아내는 방법

2. 특징

  1) 요인들이 복잡하게 얽혀 있는 문제를 정리하는 데 좋다.
  2) 계획단계에서 넓은 시야로 문제를 검토할 수 있다.
  3) 중점항목을 정확하게 파악할 수 있다.
  4) 구성원들의 합의를 얻는 것이 용이하다.
  5) 형식에 구애받지 않고 자유롭게 표현할 수 있으므로 문제점과 요인을 결부하는 게 용이하다.

3. 작성기법

  ☐ : 요인 표시
  ☐ : 해결하고자 하는 문제점 표시
  ──────▶ : 요인들 간의 관계 표시

4. 작성순서

1) 주제선정

주제(문제점)를 선정했으면 이중 테두리 선을 그어 표기한다.

예 │ ~ 부적합발생 │   │ ~이 안 됨 │

2) 팀 편성

적임자를 4~5명으로 구성한다. 적임자는 다음과 같은 사람이다.

(1) 주제와 관련된 사람

(2) 관련 부문에 대해 풍부한 전문지식과 경험을 갖고 있는 사람

(3) 주제에 대한 문제의식을 갖고 개선의욕이 왕성한 사람

(4) 설득력과 실천력이 강한 사람

(5) 학습의욕이 왕성한 사람

3) 팀 활동준비

(1) 리더와 서기 선출

(2) 주제 관련 정보수립

(3) 관련 사무용품 준비

4) 요인 찾기

되도록 카드를 사용하는 게 바람직하다.

(1) 브레인스토밍(BS : Brain Storming) 활용

(2) 표현방법을 '주어+술어'(~가 ~한다)로 표시한다.

5) 내용(카드)을 배열한다

(1) 주제를 중앙에 놓는다.

(2) 관련 요인을 그룹화(grouping)한다.

(3) 1차 대표요인을 추출하여 〈그림 3-18〉과 같이 주제 옆에 배치한다.

〈그림 3-18〉 요인배치 예시

6) 인과관계를 전개한다

   (1) 그룹별 1차원인, 2차원인, 3차원인 ⋯ n차원인 순으로 분류
      하여 전개한다.

   (2) 원인에서 결과 쪽으로 〈그림 3-19〉와 같이 화살표로 연결한다.

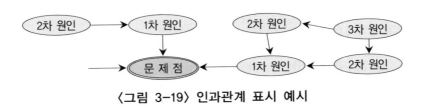

〈그림 3-19〉 인과관계 표시 예시

   (3) 팀 전원이 전체를 재검토하여 추가요인 등을 보충한다.

7) 그룹 간 인과관계를 연결한다

   (1) 한 그룹 내 요인들 간의 인과관계가 다른 그룹 내 요인들에
      대해서도 있지 않은지 검토한다.

   (2) 전체를 보고 관련성이 있는 항목 간에는 모두 화살표로 연결
      한다.

   (3) 화살표는 가능한 짧게 한다.

   (4) 화살표가 가능한 교차되지 않게 원인을 배치한다.

   (5) 항목이 서로 같으면 한 데로 묶어 도표를 한눈에 보기 쉽게
      정리한다.

   (6) 여러 차례에 걸쳐 수정과 보완을 실시한다.

8) 중요요인을 선정해 표기한다

9) 필요사항을 기입한다

(1) 주제명

(2) 목적

(3) 작성일자

(4) 팀명

(5) 팀멤버 등

이상과 같은 순서로 작성된 연관도 사례는 〈그림 3-20〉과 같다.

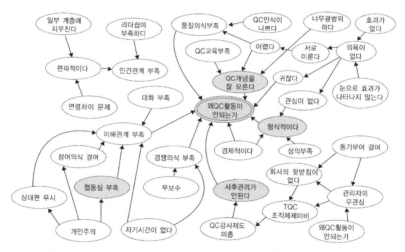

〈그림 3-20〉'품질관리활동 부진'에 대한 연관도 예시

5. 개선활동에서 활용하기

1) 프랜지 굴곡발생 원인분석 연관도

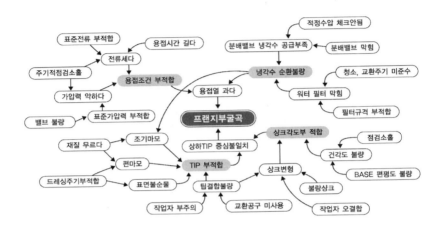

2) 커터 가공시간 과다 원인분석 연관도

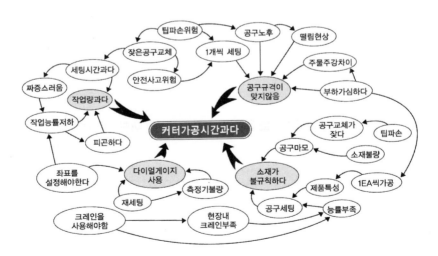

③ 계통도법(Tree Diagram)

1. 정의

목적을 성취하기 위한 최적수단을 계통적으로 찾아가는 방법

2. 종류

구 분	대 상	사용언어 데이터	기본 사고	적 용	작성요령
구성요소 전개형	제품(서비스) 및 업무	사실 데이터	주로 AND	품질기능전개 업무기능전개	중복과 누락 이 없는 총 망 라주의
방책 전개형	방침을 달성하기 위한 특정 목표와 수단	의견 데이터와 발상 데이터	주로 OR	방침관리 제반 개선활동	중점 지향주의

3. 구성

목적과 수단 사이의 관계를 정리한다.

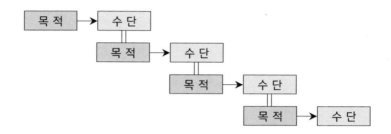

4. 용도

1) 신제품 개발에서 설계품질 전개
2) 품질보증(QA : Quality Assurance) 활동을 보다 확실하게
   하기 위해 보증품질 전개와 업무기능 전개
3) 소비자가 원하는 요구품질기능 전개
4) 품질(Quality)과 비용(Cost), 납기(Delivery)를 비롯한 기업
   내 여러 가지 문제해결을 위한 방책 전개
5) 목표와 방침, 실시사항 전개
6) 부문이나 관리기능의 명확화와 효율화 방책 추구 등

5. 작성순서

카드를 미리 준비해 작성하면 편리하다.

1) 달성하고자 하는 목표(목적)를 정한다

예를 들면, '~ 을 ~ 한다', 또는 '~ 을 ~하려면' 등의 표현을 사
용한다.

2) 수단(방법)을 추출한다

추출방법으로는

(1) 수준이 높은 수단과 방법에서 차례로 연상하면서 추출한다.

(2) 가장 낮은 수준이라고 생각되는 수단과 방법을 추출한다.

(3) 수준의 높고 낮음을 의식하지 말고, 생각나는 대로 수단과 방법을 추출한다.

3) 수단(방법)을 평가한다

(1) ○△X 방식(실행 가능성 측면에서 평가할 경우)

a. ○ : 실행 가능한 것

b. △ : 조사해봐야 실행 가능성을 알 수 있는 것

c. X : 실행 불가능한 것

(2) ◎○△• 방식

a. ◎ : 목적과 수단 사이의 대응도가 큰 것

b. ○ : 목적과 수단 사이의 대응도가 보통인 것

c. △ : 목적과 수단 사이의 대응도가 미미한 것

d. • : 목적과 수단 사이에 대응관계가 없는 것

(3) 계량화(계수화)

목적과 수단 사이의 대응도와 실행 가능성 등을 평가함에 있어 각 평가 단위별로 대응되는 계수를 지정하여 평가하는 것으로 아래 표와 같다.

평 가	◎	○	△	•
계 수	5	3	1	0

4) 수단과 방법 계통화

(질문1)

"그 목적과 목표를 달성하기 위해서는 먼저 어떤 '수단'이 필요한가?"

(질문2)

"이 수단과 방법을 '목적 또는 목표'라고 생각했을 경우, 그 목적을 달성하기 위해서는 다시 어떤 수단이 필요한가?"

5) 목적과 목표 확인(정합성 검토)

(질문3)

"그 수단의 전부 또는 일부로서 상위 목적을 정말 달성할 수 있는가?"

수단과 방법 계통화 및 목적과 목표 확인 예시는 〈그림 3-21〉과 같다.

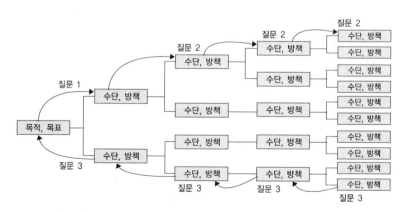

〈그림 3-21〉 수단과 방법 및 목적과 목표 확인 예시

이상과 같은 순서로 계통도를 작성하면 〈그림 3-22〉와 같다.

〈그림 3-22〉 계통도 사용 예시

6. 개선활동에서 활용하기

1) 대책수립 전개형 계통도

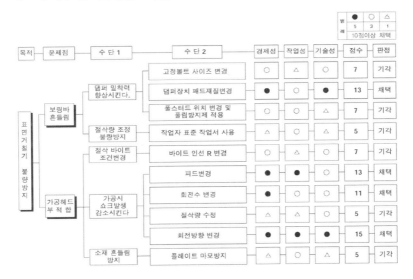

2) 주요 요인정리 계통도

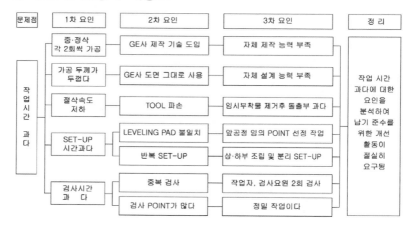

문제점	1차 요인	2차 요인	3차 요인	정 리
작업 시간 과다	중·정삭 각 2회씩 가공	GE사 제작 기술 도입	자체 제작 능력 부족	작업 시간 과다에 대한 요인을 분석하여 납기 준수를 위한 개선 활동이 절실히 요구됨
	가공 두께가 두껍다	GE사 도면 그대로 사용	자체 설계 능력 부족	
	절삭속도 저하	TOOL 파손	임시부착물 제거후 돌출부 과다	
	SET-UP 시간과다	LEVELING PAD 불일치	앞공정 임의 POINT 선정 작업	
		반복 SET-UP	상·하부 조립 및 분리 SET-UP	
	검사시간 과 다	중복 검사	작업자, 검사요원 2회 검사	
		검사 POINT가 많다	정밀 작업이다	

④ 친화도법(Affinity Diagram)

1. 정의

혼돈된 상태에서 수집한 언어 데이터를 데이터 간의 상호 친화성에 의거해 통합함으로써 해결해야 할 문제를 명확히 하는 방법. 친화도법은 세계적으로 유명한 문화인류학자이며 일본 동경공업대학 명예교수인 카와키타지로(川喜田次郎)가 1914년에 발표한 발상법이다. 이 사람 이름의 영문표기 약자를 사용해 KJ(Kawakita Jiro)법으로 부르기도 한다. 하지만 정식명칭은 '친화도법(親和圖法)'이며, 신QC 7가지 기법 중 하나에 포함된다.

2. 장점

1) 혼돈된 상태의 언어 데이터를 정리함으로써 문제발견이 가능하다.
2) 현상타파 방법을 생각해봄으로써 새로운 사고방식을 터득할 수 있다.
3) 문제의 본질을 정확히 파악할 수 있다.
4) 전원참여로 의식향상과 활성화를 도모할 수 있다.

3. 작성순서

1) 주제결정

2) 언어 데이터 수집

〈그림 3-23〉 언어 데이터 수집방법

언어 데이터 종류와 사용목적은 다음과 같다.

Data종류 표현 사용목적	사 실 ~은 ~이다	예 측 ~는 ~될 것이다	추 정 ~은 ~일 것이다	발 상 아! 그래 ~다	의 견 ~해야한다
사실인식	◉	×	×	×	×
개념형성	○	◉	△	◉	◉
조직참여	○	△	○	△	◉

◉ 자주사용   ○ 사용   △ 약간 사용   × 사용되지 않음

3) 언어 데이터 카드화

데이터 카드에 언어 데이터를 적는다.

4) 카드를 모은다

친화성이 있는 카드끼리 군(群)을 만들어 모은다.

5) 친화카드 만들기

(1) 군(다발)에 포함된 데이터 카드들이 표현하는 내용을 축약해 새로운 카드(친화카드)에 기입한다.

(2) 친화카드 내용은 데이터 카드에 적혀 있는 내용을 과부족 없이 표현해야 한다.

(3) 친화카드를 데이터 카드 맨 앞장에 놓고 클립으로 묶는다.

(4) 단, 어느 친화그룹에도 속하지 않는 데이터 카드는 무리하게 그룹화하지 말고 외톨이 카드로 사용한다.

6) 카드배치

우선 카드 다발 단위로 배치하고 그 하위에 데이터 카드를 배열한다.

7) 친화도를 작성한다

(1) 친화카드 단위로 테두리 선을 긋는다.

(2) 친화카드들 사이(2중, 3중 … n중)의 내용을 표현할 수 있는 새로운 표현을 만들어 적으면 좋다.

이상과 같은 순서로 작성한 친화도 사례는 〈표 3-1〉과 같다.

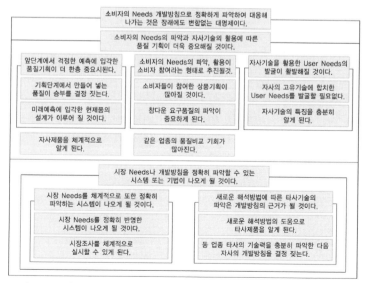

〈표 3-1〉신제품 개발을 위해 작성한 친화도 사용 예시

4. 개선활동에서 활용하기

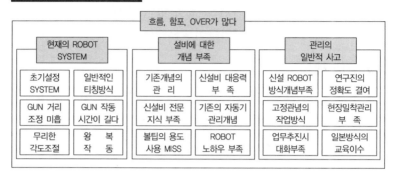

S.G.C 부적합 친화도 분석

흐름, 함포, OVER가 많다

현재의 ROBOT SYSTEM		설비에 대한 개념 부족		관리의 일반적 사고	
초기설정 SYSTEM	일반적인 티칭방식	기존개념의 관리	신설비 대응력 부족	신설 ROBOT 방식개념부족	연구진의 정확도 결여
GUN 거리 조정 미흡	GUN 작동 시간이 길다	신설비 전문 지식 부족	기존의 자동기 관리개념	고정관념의 작업방식	현장밀착관리 부족
무리한 각도조절	왕 복 작 동	볼팁의 용도 사용 MISS	ROBOT 노하우 부족	업무추진시 대화부족	일본방식의 교육이수

5 애로우다이어그램법 (Arrow Diagram)

1. 정의

최적의 일정계획을 세워 효율적으로 활동 진척사항을 관리하는 방법. 일정계획을 수립할 때 사용하는 방법으로 OR기법인 PERT (Program Evaluation and Review Technique)와 CPM(Critical Path Method)을 사용한다.

2. 장점

1) 활동의 선후관계가 명확해진다.
2) 계획에 대한 진도관리가 용이하다.
3) 납기 또는 공기를 확실하게 지킬 수 있다.
4) 필요 시 최소의 비용으로 공기 또는 납기를 단축할 수 있다.

3. 사용기호

기 호	의 미
→	프로젝트 실행을 위해 '해야 할 작업이나 활동'으로 시간과 자원이 소요되는 것을 나타낸다.
○	단계(event)라고 부르며, 작업 또는 활동의 시작점과 종료점을 나타낸다.
--->	가상작업(dummy activity)이라 부르며, 작업 또는 활동 간의 선후관계를 맺어주는 데 사용된다. 시간과 자원소요가 없는 활동이다.

애로우다이어그램에 사용되는 기호는 각 활동의 선후관계를 명확히 해준다. 〈그림 3-24〉에서 1은 A 활동의 시작점, 2는 A 활동의 종료점인 동시에 B 활동의 시작점을 의미한다. 그리고 B 활동은 A 활동이 끝나지 않으면 착수될 수 없다는 것을 의미한다. 또한 F 활동은 D 활동과 E 활동이 완료되지 않으면 착수될 수 없다는 것을 의미한다.

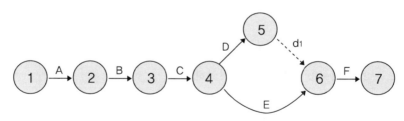

〈그림 3-24〉 애로우다이어그램 1

4. 작성규칙

규칙1) 모든 작업의 착수와 종료 시점에는 단계를 붙여야 하고, 모든 단계에 붙이는 번호는 화살표 방향으로 숫자가 커져야 한다.

규칙2) 각 단계에서 시작하는 모든 작업은 이전 단계의 작업(선행작업)이 완료되어야만 시작할 수 있다.

〈그림 3-25〉를 보면, 2단계에서 시작되는 B와 C는 A가 끝나야만 시작할 수 있고, 4단계에서 시작하는 D는 B와 C가 끝나야만 시작할 수 있다.

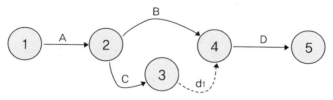

〈그림 3-25〉 애로우다이어그램 2

규칙3) 한 쌍의 단계 사이에는 한 개의 작업(실선 화살표)만이 포함되어야 한다. 한 개 이상의 작업을 포함시켜야 할 경우에는 초과되는 작업은 점선 화살표로 연결한다.

〈그림 3-25〉를 보면, 2단계와 4단계 사이에는 B와 C 2개의 작업이 들어가야 한다. 따라서 애로우다이어그램 규칙에 따라 B는 실선 화살표로 연결시켰고, C는 점선 화살표 d_1을 사용해 연결했다.

〈그림 3-26〉에 나타난 것과 같이 작업C는 작업A와 작업B가 끝나면 시작할 수 있고, 작업D는 작업B만 끝나면 시작할 수 있다고 하자. 그리고 작업C와 D가 끝나면 작업E와 F를 시작할 수 있고, E와 F가 끝나면 프로젝트가 종료된다고 하자.

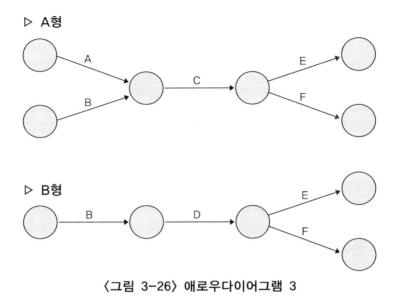

<그림 3-26> 애로우다이어그램 3

〈그림 3-26〉의 A형과 B형을 조합하여 한 개의 네트워크로 만들면 〈그림 3-27〉과 같다.

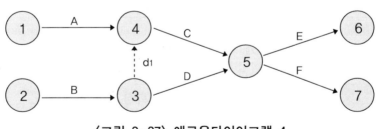

<그림 3-27> 애로우다이어그램 4

〈그림 3-27〉을 보면, 3단계와 4단계 사이에 점선 화살표가 있는데 이것이 바로 작업 간 선후관계를 맺어주는 가상작업(dummy activity)을 사용한 예시이다. 가상작업은 '규칙3'이나 작업 간 선후관계를 맺을 때 사용한다.

규칙4) 프로젝트의 시작점과 종료점은 한 개의 단계(event)로 표시해야 한다.

〈그림 3-27〉에서 프로젝트 시작점은 1단계와 2단계, 2개이며, 프로젝트 완료점은 6단계와 7단계, 2개이다. 이는 애로우다이어그램법 네트워크 작성규칙 4에 위반된다. 따라서 규칙에 맞게 〈그림 3-27〉을 수정해야 한다. 〈그림 3-28〉이 올바르게 작성된 애로우다이어그램이다.

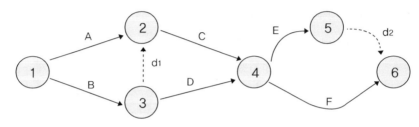

〈그림 3-28〉 애로우다이어그램 5

규칙5) 작업이 회귀하거나 루프(loop)가 돼서는 절대로 안 된다.

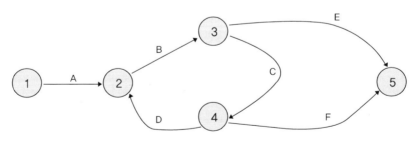

〈그림 3-29〉 애로우다이어그램 6

5. 작성순서

(1) 일정을 세우기 전에 프로젝트를 완성하기 위해 '해야 할 일이나 활동'을 먼저 찾는다.

예를 들면, 적절한 운동장을 빌려 사내체육대회를 개최하려고 한다면, 사내체육대회 개최를 위해 '해야 할 일'을 준비위원들이 모여 결정한다.

(2) 해야 할 일 또는 활동이 결정되면 이들 활동을 하는 데 소요되는 시간과 활동순서(선후관계)를 결정한다.

(3) 순서1과 순서2에 의해 결정된 사항을 종합해 〈표 3-2〉와 같은 네트워크 작성자료표를 만든다. 〈표 3-2〉는 사내체육대회 개최준비계획을 세우기 위한 자료를 종합하여 만든 네트워크 작성자료표이다.

〈표 3-2〉 사내체육대회 준비계획

활동 또는 작업	소요시간	선행작업
A. 계획검토	5일	없음
B. 프로그램 결정	10일	A
C. 대회장 물색	1일	A
D. 필요 물품 작성	7일	B
E. 상품 발주	3일	B
F. 프로그램 인쇄	10일	B
G. 필요 물품 운반	1일	D
H. 대회장 준비	1일	C와 G
I. 물품 검수	1일	E
J. 프로그램 배포	1일	F

〈표 3-2〉에서 작업A(계획검토)는 선행작업이 없기 때문에 가장 먼저 시작하는 작업이 된다. 작업H(대회장 준비)는 작업C(대

회장 물색)와 작업G(물품 운반)가 완료되어야 착수할 수 있는 작업이다.

(4) 네트워크 작성자료표를 바탕으로 네트워크 작성규칙을 지키면서 네트워크를 만든다.

(5) 프로젝트 시작점인 첫 번째 단계를 1로 놓고 화살표 방향으로 숫자가 커지도록 각 단계에 번호를 붙인다.

(6) 각 화살표 위에 작업명칭(또는 작업부호)을 적고, 화살표 밑에는 각 작업의 작업시간을 적는다. 〈표 3-2〉의 네트워크 작성자료표를 사용해 사내체육대회 개최준비계획 네트워크를 만들면 〈그림 3-30〉이 된다.

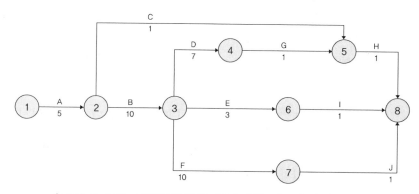

〈그림 3-30〉 사내체육대회 준비계획 애로우다이어그램

이상과 같은 순서와 방법에 따라 일정계획 네트워크(이것이 '애로우다이어그램'이다)가 만들어지면 작성된 네트워크에 대한 일정계산과 중요경로(critical path)를 찾아야 일정계획이 완료된다. 일정계산 순서는 다음과 같다.

(1) 네트워크 각 단계(또는 결합점) 위에 ▭▭▭을 그리고 왼쪽 칸에는 가장 빠른 착수일(EST : Earliest Start

Time)을, 오른 쪽에는 가장 늦은 완료일(LFT : Latest Finish Time)을 적는다.

(2) **프로젝트 시작점인 1단계의 EST를 0으로 놓고, 다음 공식에 따라 각 단계의 EST를 계산하여 왼쪽 칸에 적는다.** 단, 동일 단계로 들어오는 작업이 한 개 이상일 경우에는 아래와 같이 계산된 EST 중 '가장 큰 값'을 현 단계의 EST로 놓는다.

다음 단계의 EST = (앞 단계의 EST) + (현 단계의 작업시간)

(3) **위와 같은 요령으로 프로젝트 완료점인 마지막 단계까지 각 단계의 EST를 계산한다.**

(4) **마지막 단계의 LFT는 그 단계의 EST와 동일하게 놓고 화살표 반대방향으로 다음 공식에 따라 LFT를 계산해 오른쪽 칸에 적는다.** 단, 동일 단계에서 나가는 작업이 한 개 이상일 경우에는 아래와 같이 계산된 LFT 중 '가장 적은 값'을 현 단계의 LFT로 계산한다.

앞 단계의 LFT = (뒤 단계의 LFT) + (현 단계의 작업시간)

(5) **위와 같은 요령으로 프로젝트 시작점인 1단계까지 각 단계의 LFT를 계산해 적어 넣는다.**

이상의 절차에 따라 〈그림 3-30〉에 그려진 네트워크의 EST와 LFT를 계산한 결과는 〈그림 3-31〉과 같다.

〈그림 3-31〉을 보면 사내체육대회 개최준비를 차질 없이 진행하기 위해서는 중요경로(critical path) 작업인 작업A, B, F, J가 지연되지 않도록 관리해야 한다는 결론을 얻을 수 있다. 즉 작업A, B, F, J 중에서 어느 하나라도 지연되면 전체 일정이 26일을 초과하게 된다.

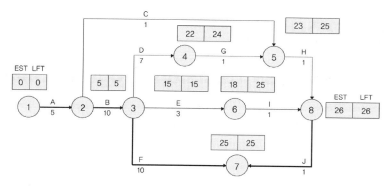

〈그림 3-31〉 사내체육대회 준비계획시간 애로우다이어그램

6. 개선활동에서 활용하기

〈그림 3-32〉에 나타난 애로우다이어그램을 보면, 중요경로는 여유시간이 하나도 없는 작업 A, B, E, G라는 것을 알 수 있다.

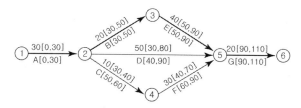

작업명	작업	소요 기간	개시	시기	완료	시기	여	유	중요경로
			ES	LS	EF	LF	TF	FF	
A	1-2	30	0	0	30	30	0	0	*
B	2-3	20	30	30	50	50	0	0	*
C	2-4	10	30	50	40	60	20	0	
D	2-5	50	30	40	80	90	10	10	
E	3-5	40	50	50	90	90	0	0	*
F	4-5	30	40	60	70	90	20	20	
G	5-6	20	90	90	110	110	0	0	*

〈그림 3-32〉 작업 중심일정 및 중요경로

6 PDPC법
(Process Decision Program Chart)

1. 정의

상황이 전개됨에 따라 여러 가지 결과가 예상되는 문제를 바람직한 결과에 이르도록 하기 위한 프로세스를 정하는 방법이 PDPC법이다. 이 기법은 실현하고자 하는 미래상태(Goal)가 바람직한 상태인 경우에는 바람직한 상태에 도달하는 과정(Process)을 결정하는 방법이라는 의미에서 '과정결정계획도법'이라고 부른다. 한편, 실현하고자 하는 미래상태가 바람직하지 않은 경우에는 바람직하지 않은 상태(또는 사고)를 방지하기 위한 방법을 결정한다는 의미에서 '중대사고예측도법'이라고 부른다.

2. 장점

1) 바라는 상태(또는 목표달성)에 이르는 과정을 그림으로 표현하기 때문에 문제해결의 전체적인 윤곽을 쉽게 파악할 수 있다.

2) 목표에 이르기까지의 모든 과정에서 발생할 수 있는 문제들을 참가자 전원의 발상을 통해 모두 찾아낼 수 있다.
3) 찾아낸 발생 가능한 문제들에 대한 대응책을 사전에 강구할 수 있기 때문에 목표달성을 확실하게 할 수 있다.

3. 작성기호 및 순서

1) 작성기호

기 호	명 칭	의 미
▭	대 책 방 책	• 그 단계에서 취해야 할 대책이나 실시사항 • 과제 달성 접근을 위한 고유 방책 • 중대 사태를 회피하기 위한 방책
⬭	상 태 국 면 반 응	• 대책에 따른 결과로서 나타난 사상 • 초기의 현상 • 방책의 결과 기대하는 상태
◇	분 기 점 의사결정점	• 의사결정 경로에 따라 대책이 구분될 때 사용 • ◇ 안에 판단 기준을 기입 • 식으로 표현할 수 없을 때는 yes, no 등으로 표시
⬯	과 제 결 과	• 현재의 상태와 달성하고자 하는 목표의 상태 • 대책이나 상태의 결론
⟶	실 선	• 시간의 경과나 사태 진전의 방향
┅⟶	점 선	• 시간의 흐름과는 관계 없이 정보의 흐름이나 활용 경로

2) 작성순서

(1) 해결해야 할 주제와 관련된 사람을 소집하고, 자유로운 집단 토론을 거쳐 검토가 필요한 사항을 찾아낸다.
(2) 대책을 실시했을 때 예상되는 결과를 도출한다.

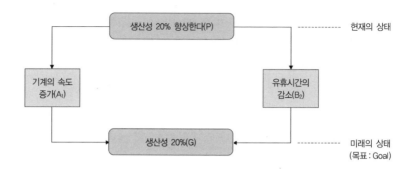

(3) 찾아낸 대책을 실시했을 때 예상되는 결과 또는 문제점을 토
대로 다음 단계에서 해야 할 대책을 찾는다.

(4) 이상과 같이 바람직한 상태(또는 달성해야 할 목표)에 이르
는 과정을 분석해 예상되는 결과와 문제점을 찾고, 이것들
을 실선 화살표로 연결한다. 만약 하나의 경로에서 얻은 정
보가 다른 경로를 검토하는 데 영향을 주면 이것은 점선 화
살표로 연결한다.

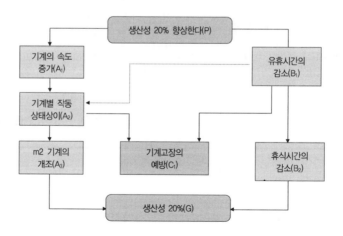

(5) 분기된 경로의 프로세스(과정) 담당 실무부서를 정한다.

(6) 이상과 같은 순서에 따라 완성된 최초의 PDPC를 담당 부서 별로 실시한다.

(7) 실시 중에 새로운 정보나 문제가 발생하면 기존항목을 새로운 문제를 해결하기 위해 실시한 항목으로 수정하거나 추가한다. 또는 그 시점을 출발점으로 한 새로운 PDPC를 작성한다.

4. 개선활동에서 활용하기

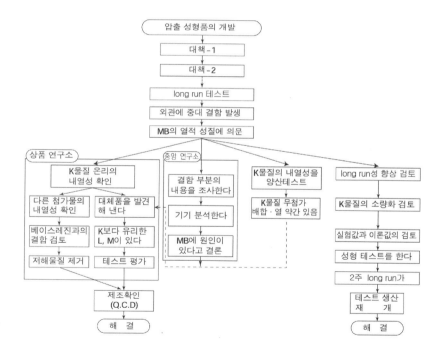

7 매트릭스 데이터 해석법
(Matrix Data Analysis)

1. 정의

매트릭스에 배열된 수많은 수치 데이터를 알아보기 쉽게 정리하는 방법

2. 작성순서

1) 데이터를 〈표 3-3〉과 같이 매트릭스를 사용하여 정리한다.

〈표 3-3〉 오토바이 카탈로그 비교

오토바이	가격	전장 (mm)	전폭 (mm)	총높이 (mm)	중량 (kg)	연비 (km/l)	출력 (PS)	토크 (kg)	시동 방식	탱크용량 (l)
1	69.8	1515.0	605.0	925.0	42.0	75.0	2.3	0.4	1.0	2.3
2	89.0	1515.0	600.0	925.0	43.0	76.0	3.8	0.5	3.0	2.6
3	92.0	1515.0	610.0	935.0	49.0	75.0	2.6	0.4	3.0	2.5
4	79.8	1505.0	620.0	960.0	39.0	80.0	4.0	0.5	2.0	2.8
5	115.0	1570.0	615.0	985.0	55.0	75.0	2.8	0.4	3.0	3.0
6	99.0	1555.0	605.0	965.0	49.0	100.0	4.5	0.5	3.0	3.0
7	119.0	1565.0	605.0	955.0	51.0	90.0	5.2	0.6	3.0	3.5
8	138.0	1590.0	615.0	1045.0	56.0	76.0	3.6	0.5	3.0	3.8
9	154.0	1745.0	670.0	1015.0	75.0	75.0	3.8	0.6	3.0	4.7
10	155.0	1745.0	665.0	1040.0	62.0	76.0	5.5	0.6	3.0	5.6
11	99.8	1540.0	610.0	965.0	49.0	90.0	5.0	0.6	2.0	3.0
12	139.0	1640.0	630.0	960.0	55.0	90.0	5.8	0.6	3.0	3.0
13	88.0	1490.0	585.0	915.0	39.0	87.0	4.0	0.5	3.0	2.5
14	79.0	1490.0	590.0	915.0	36.0	100.0	4.0	0.5	2.0	2.5
15	960.0	1500.0	580.0	930.0	43.0	100.0	4.0	0.5	3.0	3.0
16	109.0	1500.0	555.0	990.0	47.0	90.0	5.0	0.6	2.0	3.0
17	123.0	1555.0	630.0	960.0	49.0	100.0	4.0	0.5	3.0	3.2
⋮	⋮	⋮	⋮	⋮	⋮	⋮	⋮	⋮	⋮	⋮
	239.0	1770.0	675.0	1070.0	92.0	67.6	8.0	0.9	2.0	5.5

2) 행간 또는 열간의 상관행렬을 계산한다. 문제에 따라서는 상관
   행렬 대신 분산이나 공분산행렬을 이용한다.

3) 〈표 3-4〉와 같이 고유치, 기여율, 누적 기여율 등을 정한다.
   기여율이 높은 순으로 여러 개의 주성분을 정한다.

〈표 3-4〉 오토바이 주성분

주성분	고유치	기여율(%)	누적 기여율(%)
1	2.358	33.69	33.69
2	1.901	22.16	60.85
3	1.149	16.42	77.27
4	1.063	15.19	92.46
5	0.309	4.41	96.87
6	0.177	2.53	99.40
7	0.042	0.60	100.00

4) 각 주성분에 대응하는 고유벡터와 인자 부하량을 정한다.

5) 각 주성분마다 주성분 득점을 정한다.

6) 주성분 득점의 산포상태를 〈그림 3-33〉과 같이 그래프로 만든다.

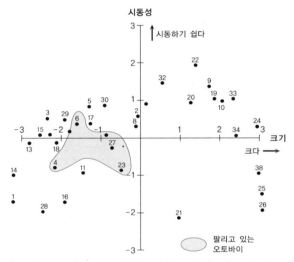

〈그림 3-33〉 오토바이 주성분 득점 산포상태

Chapter 04

아이디어 발상법

① 아이디어 발상 개요

1. 아이디어 발상이란

현대사회에서 아이디어는 개인이나 기업의 경쟁력 향상에 있어 없어서는 안 될 중요한 요소로 자리 잡고 있다. 개인의 아이디어가 제품과 결합되어 신상품으로 개발되고 신상품을 통해 기업은 신규 시장을 개척하며 기업 영속성을 유지하고 있다고 할 수 있다. 그럼, 이렇게 개인이나 기업에게 중요한 요소인 아이디어는 과연 어떻게 정의될 수 있을까.

우리나라 사전을 보면, 아이디어는 '어떤 일에 대한 착상이나 구상'이라고 풀이되어 있다. 여기서 착상(着想)은 '고안이나 창작의 실마리가 될 만한 생각'을 의미하며, 구상(構想)은 '장차 창작하고자 하는 작품을 그 내용과 짜임새, 형식 등에 있어서 어떤 식으로 완성할 것인가를 구체적으로 궁리하는 것'이라고 되어 있다. 한편, 고안(考案)은 '새로운 물건이나 아이디어 등을 연구하여 생각해내는 것'이고, 창작(創作)은 '새로운 것을 처음으로 만드는 것'을 뜻한다. 아이디어의 의미를 명확히 해석해보려고 사전을 찾았으나 오히려 말꼬리만 잡는 꼴이 되었다. 그래서 필자가 갖고 있는 지식과 그동안의 경험을 종합해 나름대로 정의를 해보았다. 쉽고, 간략하게 이야기해서 '아이디어 발상'이란 '새로운 것을 생각해내는 것'이라고 하면 무리가 없을 것 같다.

아이디어 발상에 대한 정의가 내려졌으면 이제 중요한 것은 '어떻게 하면 아이디어 발상을 쉽게 할 수 있느냐'일 것이다. 아이디어는 사람의 마음이 편한 상태에서 많이 떠오르게 된다. 편안한 마음은 뇌의 상태, 특히 뇌파에 의해 많이 좌우된다고 할 수 있다. 일반적으로 인간의 뇌파의 특징은 〈표 4-1〉과 같이 정의할 수 있다.

〈표 4-1〉 인간의 뇌파

파명	주파수	상 태	비 고
α (알파)	13Hz 이상	외부의식	평상시
β (베타)	8Hz 이상	내부의식	정신일도 상태
θ (쎄타)	4Hz 이상	심(深)내부의식	
δ (델타)	4Hz 미만	무의식	인간본성 세계로 몰입상태

뇌파의 특징을 살펴보면, 일반적으로 뇌파가 낮을수록 사람들의 집중력은 높아지고 창조적 발상 또한 왕성해진다. 반대로 뇌파가 높을수록 마음이 혼란스럽고 집중력이 떨어지게 된다. 따라서 아이디어 발상을 잘하기 위해서는 편안한 심적 상태를 유지하는 게 중요하다. 잠을 잘 때 우리의 뇌파는 4Hz~8Hz 정도로 낮아지는데 이때 자신이 생각지도 못한 독특한 또는 특이한 발상을 하게 된다. 하지만 직장생활을 해야 하는 우리로서는 아이디어 발상을 위해 업무시간에 잠을 잘 수는 없는 일이다. 단지, 일에 집중하고 있을 때보다는 잠시 휴식을 취할 때 아이디어 발상을 하면 좋은 아이디어를 얻을 수 있다는 것이다. 또는 업무가 끝난 후 혼자만의 시간을 가질 수 있을 때 조용히 생각을 하다보면 좋은 아이디어가 떠오를 수 있다. 창작을 본업으로 하는 음악가, 미술가, 소설가들이 여행을 자주하거나 밤에 작업을 하는 이유도 바로 그런 이유라고 볼 수 있다. 한마디로 창의적이고 창조적인 아이디어 발상을 하기

를 원한다면 뇌파가 휴식을 취할 수 있을 때를 적극 활용하라는 것
이다.

2. 창의력의 기본요소

① 유창성(fluency)

문제에 대한 해결책을 계속해서 많이 낼 수 있는 능력으로 사고
의 속도와 상상의 속도를 말한다.

② 유연성(flexibility)

사고의 넓이, 여러 각도에서 폭넓게 아이디어를 낼 수 있는 능력
을 말한다. 유연성이 좋은 사람은 시야가 넓고 일에 대한 적응력이
뛰어나다.

③ 독창성(originality)

사고의 새로움을 말하는 것으로 착상이나 번쩍이는 기지, 새롭
고 참신한 아이디어 도출 능력이 뛰어남을 말한다.

④ 구체성(elaboration)

아이디어를 치밀하게 구체화하는 능력으로, 어떤 문제를 해결하기 위한 아이디어의 내용이 구체적으로 명시되어야 한다.

3. 창의력을 통한 아이디어 발상

인간의 본질은 크게 정신과 육체로 구성되어 있으며 어느 누구든 이를 계속 단련하면 이와 관련한 능력이 계속 발달되기 마련이다. 반대로 사용하지 않거나 그대로 두면 퇴보하게 된다. 운동선수가 일반인보다 체력이 뛰어난 것은 평소에 꾸준히 신체를 단련했기 때문이다. 마찬가지로 두뇌도 평소 여러 가지 방법을 통해 단련하고 활성화시키면 그렇지 않은 사람보다 더 큰 능력을 발휘하게 된다.

아이디어를 발상하는 힘을 우리는 '창의력'이라고 한다. 이 창의력은 기본적으로 활발한 두뇌 활동을 통해 그 능력을 발휘하게 된다. 그리고 이 두뇌활동은 어떤 일을 하던 평소에 기본적으로 모든 사물에 관심과 문제의식을 갖고 대하는 것에서부터 출발한다.

자타가 공인하는 제안왕들의 수기를 살펴보면, 이들은 모든 현상을 볼 때 "더 좋은 방법이 없을까?"라는 문제의식을 항상 갖고 있다는 것을 알 수 있다. 또한 이를 통해 자신의 머릿속에 무엇인가가 떠오르면 그것을 항상 메모하는 습관을 갖고 있다. 이런 태도가 양적으로나 질적으로나 누구보다 앞서는 제안을 하게 되는 기본이라고 이들은 강조한다. 개인마다 성격과 특징, 처한 환경 등이 다르기 때문에 제안을 잘하는 방법은 개개인마다 차이가 날 수밖에 없다. 일반적으로 아이디어 발상을 잘할 수 있는 몇 가지 방법을 소개한다(〈표 4-2〉 참조). 이 중에서 자신에게 맞는 방법을 찾아 실천하면 누구든지 제안왕이 될 수 있을 것이다.

〈표 4-2〉 아이디어 발상을 잘하는 방법

번호	아이디어 발상 포인트	아이디어 발상시기 및 방법
1	홀로 조용히 구상한다	* 밤중에 문득 깨었을 때 * 잠이 오지 않을 때 * 목욕 중에 * 산책할 때 * 혼자서 거리를 걸을 때 * 화장실에서 * 기도할 때 * 독서할 때 * 기차여행 중 창밖을 보며
2	몇 년 앞을 내다본다	* 1~2년 앞의 세상을 생각한다 * 1~2년 앞의 회사 변화를 그려본다
3	메모지를 활용한다	* 문득 생각난 아이디어를 적어둔다(아이디어란 무의식 중 순간 점멸하므로 즉시 메모해 두는 것이 좋다) * 머리맡에 메모지를 항상 둔다 * 호주머니에 항상 메모지를 가지고 다닌다
4	항상 철저하게 생각한다	* 지금 무엇을 해야 하는가를 생각한다 * 틈만 있으면 이것저것 생각한다 * 언제나 문제의식을 가지고 생각한다 * 장시간 진지하게 생각한다 * 집중적으로 생각한 후 잠시 휴식을 취한다
5	타인에게 배운다	* 타 업종 사람과 교류를 실시한다 * 타사제품과 자사제품을 비교해 본다 * 사용자의 의견과 불평 또는 불만사항을 청취한다 * 타인의 지혜를 응용하여 내 것으로 만든다 * 제안우수자의 경험을 듣는다

6	하는 일을 근본적으로 다시 생각해 본다	*현재 하고 있는 일에 항상 의문을 가져본다 *일을 근원적으로 재검토해 본다 *다른 회사 업무절차를 벤치마킹한다

4. 아이디어 발상에 도움이 되는 장소

업무를 하는 사무실이나 작업실에서는 아이디어가 잘 떠오르지 않는다. 왜냐하면 아이디어(창의력)는 인간의 뇌가 편안한 상태에 있을 때 가장 활성화되기 때문이다. 따라서 아이디어 발상을 하기 위해서는 편안한 장소에 있어야 한다. 일반적으로 아이디어가 가장 잘 떠오르는 편안한 장소가 세 곳 있다.

첫 번째 장소는 잠자리이다. 한 가지 주제(또는 문제)에 대해 골똘히 생각하다보면 그것이 꿈속에서도 나타날 때가 있다. 그리고 꿈속에서 문제해결의 실마리를 찾게 되기도 한다. 특히 잠들 무렵이나 잠에서 막 깨어날 때 어떤 좋은 아이디어가 떠오르는 경험을 많은 사람들이 해봤을 것이다. 따라서 잠자리 머리맡이나 곁 등 손이 닿을 수 있는 곳에 항상 메모지와 필기도구, 그리고 전기스탠드를 놓아두는 것이 좋다. 그래야 머릿속에 생각이 떠오를 때 바로 적을 수 있다. 창조의 순간이나 순간적으로 떠오른 영감은 오래 기억되지 않는다. 따라서 갑자기 떠오른 생각들은 될 수 있는 한 생각이 떠오르는 즉시 기록해두어야 한다.

두 번째 장소는 해우소(解憂所), 즉 화장실이다. 화장실에 있을 때는 의식적인 노력이 없는 상태, 마음이 텅 비워지는 상태가 되기 때문이다. 특히 샤워를 하거나 뜨거운 목욕물에 몸을 담그고 있을 때 우리 몸과 마음의 상태는 상당히 편안해진다. 이럴 때일수록 아이디어가 잘 떠오르게 된다. 우리 선조들이 화장실을 아이디어가 가장 잘 떠오르는 최고의 장소로 꼽은 데에는 다 이유가 있다. 화장실은 마음의 여유를 갖고 휴식을 취하면서 다양한 생각을 떠올리고 정리할 수 있는 좋은 곳이다.

세 번째 장소는 차안이다. 직접 운전하는 경우 말고, 택시나 버스, 기차와 같이 편안하게 앉아 창밖으로 스쳐 지나가는 풍경을 보다가 문득 기발한 아이디어가 떠오르는 경험을 누구나 한번쯤 해 봤을 것이다.

창조적 아이디어로 작업하는 사람들의 말을 빌려보면 어떤 화가는 화실이 아니라 농장에서 젖소의 젖을 짜고 있을 때, 어떤 과학자는 혼자서 점심을 먹을 때, 어떤 소설가는 산보 중에 또는 욕실에서 수염을 깎고 있을 때 좋은 아이디어가 떠올랐다고 말한다. 즉, 아이디어는 억지로 짜내려고 해서 나오는 게 아니라 개인이 최고로 편안한 상태에 있을 때 최고의 아이디어가 떠오르는 경우가 많다는 것이다. 단, 한 가지 잊지 말아야 할 것은 아이디어를 얻기 위해서는 평소에 항상 문제의식을 갖고 있어야 한다는 것이다. 문제의식도 없는 상태에서 아이디어는 결코 나오지 않는다.

5. 아이디어 발상 착안사항

1) 아이디어맨이 되기 위한 10가지 비결

① "왜?"라는 의문을 가져라.
② 메모하는 데 미치광이가 되어라.
③ 모든 것에 관심을 가져라.
④ 생각하고 또 생각하라.
⑤ 여러 각도에서 생각하라.
⑥ 고객의 입장에서 바라보라.
⑦ 문제의식을 가져라.
⑧ 벤치마킹을 실시해라.

⑨ 그것의 기능을 생각해라.
⑩ 상상력을 발휘해라.

2) 아이디어를 방해하는 10가지 말

① 그건 불가능해!
② 그런 건 해 본적이 없어!
③ 시간낭비야!
④ 그렇게 좋다면 누가 했겠지!
⑤ 그럴 시간이 어디 있어!
⑥ 이론과 실제는 달라!
⑦ 네가 뭘 안다고 그래!
⑧ 해보나마나 빤한 일이야!
⑨ 생각은 좋지만…….
⑩ 시기상조야!

6. 아이디어 발상기법 종류

아이디어 발상기법으로 여러 종류가 개발되어 있다. 하지만 이
것은 기본적으로 아이디어 발상을 도와주는 것이지 이것만 갖고
아이디어를 찾아내려고 하면 무척 힘이 든다. 아이디어 발상기법
을 활용하기 위해서는 우선 문제의식을 갖고 있는 게 가장 중요하
며 기본이다. 회사업무나 공정, 제품 등을 볼 때 문제의식을 갖고
보는 자세가 갖춰져 있고, 문제가 있다고 생각이 들 때 다음에 소
개하는 각종 아이디어 발상기법을 활용하면 구체적인 대안을 마련
할 수가 있다. 국내에 많이 소개되어 있는 아이디어 발상기법을 간
략하게 요약해 제시하면 〈표 4-3〉과 같다.

〈표 4-3〉 주요 아이디어 발상기법

	기법명	발상방법
1	브레인스토밍 (Brain Storming)	1) 비판금지 2) 많이 발언 3) 자유로운 분위기 조성 4) 타인 의견에 편승
2	브레인라이팅 (Brain Writing)	브레인스토밍과 같으나 아이디어를 각자 카드에 적는 기법
3	결점열거법 (희망점열거법)	결점(희망사항)을 조사하여 개선안을 도출하는 기법
4	입출법(入出法)	현상을 '입력'으로, 개선결과를 '출력'으로 하여 입출(入出) 사이의 매개체를 찾아내는 기법
5	특성열거법 (속성열거법)	사물을 구성하고 있는 요소나 성질을 하나하나 열거하여 개선 아이디어를 찾는 기법
6	(오스본) 체크리스트법	체크항목을 미리 설정하여 활용하는 기법 다른 용도는?, 모양, 색깔, 위치를 바꾸면?, 확대하면?, 바꾸어 넣으면?, 대용할 수 있는 것은?, 축소하면?, 서로 짝지어보면?, 거꾸로 본다면?, 길게 하면?, 얇게 하면?
7	카탈로그법	이 방법은 주로 개인이 분명한 목적의식을 갖고 도형, 사진, 광고, 카탈로그, 문서 등을 보면서 아이디어 발상을 기대하는 것이다. 다시 말해 두뇌의 휴식, 자극놀이라고 할 수 있다.

8	초점법(焦點法)	강제연상을 이용하는 방법으로 입출법과 비슷하다. 다만 입출법은 강제연상의 출발점과 도달점이 처음부터 정해져 있는데 비해 초점법은 도달점만 정해져 있다. 가령 소리가 나지 않는 자동차 개발을 도달점으로 정해놓고 시작은 아무 내용에서부터 시작한다. 오직 소리 안 나는 자동차라는 결론에만 연결되면 된다.
9	시네틱스 (Synectics)법	1944년경 고든이 처음 시작한 것으로 2개 이상의 것을 결합하거나 합성한다는 의미의 그리스어 'synthesis'에서 유래된 것이다. 유사한 것으로부터 발상을 시작하는 것으로 의인적유추(擬人的類比), 상징적유추, 공상적유추, 직접적유추 같은 4가지 방법으로 활용된다. 일례로, 담뱃갑의 오프닝 테이프는 완두콩의 꼬투리에서 유추되어 개발된 사례이다.
10	고든법	미국의 고든(William J. J Gordon)에 의해서 고안된 것으로 브레인스토밍과 마찬가지로 집단발상을 통해 아이디어를 산출하는 방법이며, 브레인스토밍의 4가지 규칙이 똑같이 적용된다. 단, 브레인스토밍은 주제가 구체적으로 제시되는 반면에 고든법은 핵심 단어(키워드)만 제시된다. 해결해야 할 과제에 대한 내용은 사회자만이 알고 실시한다. 예를 들어, 면도기 신제품을 개발하기 위한 아이디어 회의를 할 경우, 사회자는 참가자들에게 주제를 '깎는다'로만 제시한다. 이러면 참가자들은 면도기와 관련된 깎는 것뿐만 아니라 다양한 발언들, 특히 생각지도 못한 진기한 발언을 하게 된다.

② 아이디어 발상 기법

1. 브레인스토밍(Brain Storming)

이 기법은 1940년대 미국의 광고업자 알렉스 오스본(A. F Osbone)이 집단의 힘을 활용해 문제를 해결하기 위해 개발한 아이디어 도출을 위한 회의기법이다. 1953년 그의 저서 《Applied Imagination : Principles and Procedures of Creative Problem Solving》 에 소개되면서 널리 활용되기 시작했다. 이 기법은 상의하달(上意下達)에 익숙해진 고정관념을 탈피하고, 하의상달(下意上達) 원칙에 따라 자주적인 창의력 발상을 유도하는 것이 특징이다. 오스본이 제시한 브레인스토밍의 4대원칙은 다음과 같다.

① 타인의 의견을 비판하지 않는다.
② 많이 발언한다.
③ 자유로운 분위기를 조성한다.
④ 타인의 의견에 편승하여 새로운 아이디어를 제시한다.

브레인스토밍은 한마디로 '양에서 질을 추구'하는 기법으로, 무조건 많이 이야기를 함으로써 획기적인 새로운 아이디어를 찾아내는 기법이다. 인간은 똑같은 사물이나 상황을 보고 똑같은 또는 공통적인 생각을 하기도 하지만 그만큼 또 다르게 생각하는 부분도 많다. 따라서 같지만 같지 않은 여러 사람의 생각들을 종합하고, 종합한 것을 또 다시 확장시키다 보면 자신이 생각하지 못했던 다양한 사실이나 아이디어를 발견할 수가 있다. 이런 현상을 활용한 것이 브레인스토밍이며, 이의 원리를 도식해보면 〈그림 4-1〉과 같고, 이 기법의 특징은 〈표 4-4〉와 같다.

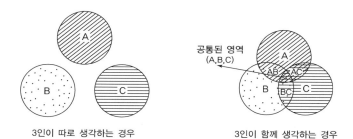

〈그림 4-1〉 브레인스토밍 원리

〈표 4-4〉 브레인스토밍의 특징

구 분	내 용	비 고
1. 창안자	1941년 A. F. 오스본	
2. 발상원	집단	스토머(Stormer)로 지칭
3. 어원	정신병자의 두뇌착란 상태	사고의 자유로움이 필요함을 의미
4. 규칙 (4원칙)	1) 비판금지 2) 많이 발언 3) 자유로운 분위기 조성 4) 타인의견 편승	− 선택문제 금지 − 구체적 문제제시 필요
5. 적정인원	12명(리더 : 1, 서기 : 1, 스토머 : 10(아이디어맨 5명과 전문가 5명)	− 아이디어맨 : 레귤러 (Regular) − 분야 전문가 : 게스트 (Guest)

6. 회의시간	15분 ～ 60분	최대 400건에서 최소 20건의 아이디어 제출 가능
7. 기타	– 리더는 전원발언 유도(필요시 지명발언) – 서기는 아이디어를 벽면 종이에 기재(크게 쓴다, 간결하게 쓴다) – 가능하면 오전 중 회의실시 (오전이 머리 상태가 맑다)	필요시 레코더를 사용해 녹음

브레인스토밍 회의 진행방식에는 크게 3가지 유형이 있다.

① **무작위발언방식(Free Wheeling)**

순서에 구애받지 않고 회의에 참가한 모든 구성원들은 아이디어가 떠오르는 대로 동시다발적으로 의견을 내는 방식이다. 일반적으로 시간을 정해놓고 진행하며, 브레인스토밍의 취지를 최대한 살려 모든 구성원들이 최대한 제약을 받지 않은 상태에서 참여한다는 장점이 있다. 하지만 종종 구성원 중 적극적인 몇 명이 회의를 주도하는 경향이 발생할 수도 있다. 즉, 소극적인 사람의 뛰어난 아이디어가 사장될 수 있는 위험이 있다.

② **연속발언방식(Round Robin)**

리더가 진행을 맡아 구성원들이 한사람씩 순서대로 돌아가며 아이디어를 내는 방식이다. 마땅한 의견이 없을 경우에는 '통과(Pass)'라고 외치고 자신의 순서를 보낼 수 있다. 그리고 모든 구성원들이 '통과'를 외칠 때까지 계속 토의를 진행한다. 소극적인 구성원들도 모두 참여시킬 수 있는 장점을 갖고 있다. 하지만 순서에 따라 의견을 개진하기 때문에 브레인스토밍의 자유분방함이라는 취지를 완전히 살리지 못하는 측면이 있다.

③ 사전추출 발언방식(Slip Method)

회의를 시작하기 전에 작은 메모지에 주제와 관련된 아이디어를 적고, 이를 참고로 브레인스토밍을 진행하는 방법이다. 터무니없는 아이디어의 남발을 방지하고 보다 신뢰성 있고 활용 가능한 아이디어를 얻을 수 있는 장점이 있다. 시간적 제약이 있는 경우에 활용하면 좋다.

2. 브레인라이팅(Brain Writing)

브레인라이팅은 브레인스토밍을 참고하여 독일의 호리겔(Holliger)이라는 형태분석법 전문가가 개발한 기법으로 개개인 각자가 생각하고 있는 아이디어를 아이디어 카드에 적어 제출해 아이디어를 도출하는 방법이다. 이 기법은 브레인스토밍의 단점을 보완하기 위해 개발됐는데 앞서 말했듯이 브레인스토밍은 자칫 목소리가 큰 사람이나 발언을 많이 하는 사람들 중심으로 회의가 진행

될 가능성이 크다. 즉 발언이 적은 사람이나 내성적이거나 소극적인 사람은 자신의 의견을 충분히 이야기하기가 어렵다. 이들은 어쩌면 오히려 목소리가 큰 사람, 말이 많은 사람들보다 더 좋은, 또는 더 독특하고 새로운 아이디어를 많이 갖고 있을 수 있다. 이런 사람들에게 발언의 기회를 주기 위한 기법이 바로 브레인라이팅이며, 그래서 이 기법을 '침묵의 브레인스토밍'이라고 부르기도 한다.

브레인라이팅은 초기에는 '6-3-5법'이라고 불렸다. 이 숫자의 의미는 6은 6명의 참가자를, 3은 3개씩 아이디어를 낸다는 것을, 5는 5분마다 차례로 아이디어를 생각해낸다는 것을 의미한다. 즉 브레인라이팅은 소그룹 단위로 아이디어를 생각하는 기법인데, 이 기법의 최대 특징은 침묵 속에서 집단사고를 진행시킨다는 것이다. 두 번째 특징은 집단사고를 하면서도 개인사고의 이점을 최대한 살린다는 것이다. 결국 아이디어를 내는 것은 개인의 머리에서 출발하기 때문이다.

3. 결점열거법과 희망점열거법

결점열거법은(Weak Point Listing) 어떤 사물이나 상황에서 부족한 점을 찾아 이를 개선하기 위한 아이디어를 발상하는 방법으로 희망점열거법(Hoping Point Listing)과 반대로 생각하는 기법이다.

1) 결점열거법

약점이나 부족한 점을 파악하고 이에 대한 개선안을 생각해 보는 방법이다.

예를 들어 칠판지우개가 일정 시간마다 분필가루를 털어 내야 하는 불편 때문에 칠판털이개가 발명되었으며, 칠판지우개에서 분진이 발생하고 지우개 끈이 자주 끊어지는 결점이 있어 요즘에는 거의 화이트보드를 사용하고 있으며 화이트보드 지우개는 이런 단점을 보강하게 된 것이다.

2) 희망점열거법

어떤 사물이나 상황에서 바라는 사항을 찾아 열거하고 이를 달성하기위한 아이디어를 발상하는 방법이다.

4. 입출법(入出法)

제네럴일렉트릭(GE)社가 자동장치 설계를 위해 개발한 기법으로 강제연상을 활용하는 발상법이다. 입출법은 투입(INPUT) 상태에서 해결목적인 산출(OUTPUT) 상태까지의 공백을 강제적 연상으로 연결시켜 나가는 것이다. 가령 문 앞에 사람이 서면 거실의 거울에 얼굴이 비친다고 할 때 투입과 산출 사이의 과제를 연상하는 방법이다.

5. 특성열거법(Attributes Listing)

미국 네브라스카(Nebrska) 대학의 그로포드(R. P Growford) 교수가 고안한 것으로 문제점 발견을 촉진하기 위한 분석기법으로 '속성열거법'이라고도 지칭한다. 모든 물건에는 그것만이 갖고 있는 고유의 특별한 성질이 있는데 이 특성을 바꾸어 봄으로써 더욱 많은 아이디어가 창안될 수 있다는 것이다. 그로포드는 "창조란 자기 눈앞에 있는 물건의 특성을 파악하여 그것을 다른 물건으로 바꾸어 놓는 것이다"라고 강조했다.

특성열거법은 개선하고자 하는 것의 특성을 명확하게 열거하고, 그 하나하나의 특성을 본래 필요성보다 좋게 개선할 수 있도록 하는 방법을 생각해내는 것으로, 특히 물품분석에 사용하면 편리하다. 특성열거법의 실행순서는 다음과 같다.

1) 제품 또는 부품이 갖고 있는 (명사적, 형용사적, 동사적) 특성을 모두 열거한다.
2) 특성 또는 특성군을 계통적으로 분류한다.
3) 분류결과에 대해 제품 본래의 요구를 더욱 만족시키거나 새로운 요구에 부응할 수 있는 개선 아이디어를 도출한다.

특성열거법 실시사례는 〈표 4-5〉와 같다.

〈표 4-5〉핸드폰 개선을 위한 특성열거법 실시사례

단계	실시내용	결과	개선 아이디어
1 명사적 특성 열거	제품의 전체나 부분의 명사적 특징을 열거한다.	화면	▶화면을 커보이게 한다. ▶뚜렷하게 한다.
		이어폰	▶귀가 안 아프도록 한다. ▶청력감소 효과를 극소화한다.
		지지대	▶접촉부분을 편하게 한다. ▶무게 중심을 분산하여 가볍게 느끼도록 한다.
		컨트롤러 (Controller)	▶눈이 안 보인다는 점을 감안하여, 손의 촉각만으로도 찾기 쉬운 위치에 설치한다. ▶버튼의 수를 최소화하고, 각 버튼의 구별이 쉽도록 모양을 다르게 한다.
		연결선	▶없애거나 연결선의 숫자를 최소화한다.
		소프트웨어	▶다양하게 한다.

2	형용사적 특성 열거	제품의 상태나 느낌의 특징을 형용사로 표현한다.	어지럽다	▶보안기 부착, 또는 보안기능을 강화한다.
			고급스럽다	▶여러 가지 디자인 개발(고급화)
			생소하다	▶마케팅, 가격 낮추기, 보급형을 출시한다.
			투박하다	▶디자인을 개선한다.
			무겁다	▶무게중심 분산 또는 재질을 바꾸어 무게를 가볍게 한다.
3	동사적 특성 열거	제품이 갖고 있는 기능적 특징을 동사로 표현한다.	조용하다	▶소리가 밖으로 새어나가지 않도록 한다.
			같이 듣는다	▶다른 사람과 공유가 가능한 기능을 개발한다(연결포트).

〈표 4-6〉 커피 잔 개선 특성열거법 실시사례

구 분	특 성	변경 또는 개선방법
명사적 특성	둥근형	삼각형, 사각형, 오각형, 타원형 등
	사기	유리, 플라스틱, 금속, 고무 등
	손잡이	아무데서나 잡기 쉽게 2개로
형용사적 특성	뚜껑이 없다	여닫이, 미닫이, 밀폐하여 구멍 내기
	무겁다	가벼운 재료로, 크기 작게, 두께 얇게
동사적 특성	깨진다	금속으로, 보호고무 부착
	차를 담는다	식지 않도록 보온, 식지 않도록 입구를 좁게
	물을 담는다	여러 번 마시도록 크게, 한 번에 마시도록 작게

특성열거법은 기술적 문제를 해결할 때 문제를 정리하는 기법으로 가장 일반적으로 활용되고 있으며, 집단 아이디어 발상에 적합하다. 이 기법의 장점은 제품의 전체적인 특징을 다룰 수 있으며,

아이디어 발상 기준이 명확하고 간단하다는 것이다. 반면, 단점은 높은 수준의 아이디어를 내기에는 다소 부적절하다.

명사적 속성 '꽃'   형용사적 속성 '아름답다'

6. 오스본의 체크리스트법

이 기법은 2차 세계대전 중 미 육군에서 처음 활용하기 시작했다. 하지만 광고회사 부사장으로 재직하던 오스본(Alex. F Osbone)이 이를 구체화시켜 보급하면서 널리 사용되기 시작했다. 이 기법은 아이디어 산출을 위한 사고의 출발점 또는 문제해결의 실마리를 미리 정해 놓고, 그에 따라 다각적인 사고를 전개하면서 아이디어를 얻는 방법이다. 〈표 4-7〉에 제시된 바와 같이 '동일한 목적을 달성할 수 있는 또 다른 수단과 방법은 없을까?' 하는 문제들에 대한 구체적인 방향을 제시하는 방법으로 교육현장에서 많이 사용되고 있다. 이 기법은 발상 아이디어를 넓은 각도로 점검할 수 있는 장점이 있으며, 개인의 아이디어를 창안하는 데 널리 이용되고 있다.

〈표 4-7〉 오스본의 체크리스트

번호	핵심질문	질문 적용방법
1	다른 용도로 쓴다면?	• 지금 사용하는 곳 외에 다른 곳에 사용한다면? • 용도를 변경해서 사용한다면?
2	변형한다면?	• 새롭게 모양을 구성한다면? • 형태, 색, 음, 구조, 냄새 등을 새롭게 변화시킨다면?
3	확대한다면?	• 무엇을 덧붙인다면? • 다른 가치를 추가한다면? • 곱빼기로 한다면? • 더 강하게 한다면? • 더 자주 한다면?
4	축소한다면?	• 더 작게 한다면? • 더 가볍게 하면? • 더 압축한다면? • 좀 더 낮춘다면? • 무엇인가 제거한다면?
5	결합한다면?	• 재료나 성분을 혼합한다면? • 합금으로 한다면? • 기능을 합친다면? • 아이디어를 결합한다면?
6	뒤바꾼다면?	• 반대로 한다면? • 상하로 회전시킨다면? • 입장을 바꾸어 본다면? • 뒤집어 본다면?
7	대체한다면?	• 요소나 성분을 바꾼다면? • 다른 형태로 한다면? • 다른 순서로 놓는다면? • 속도를 바꾸면? • 원인과 결과를 대체한다면? • 다른 재료로 한다면?

8	모방한다면?	• 비슷하게 만든다면? • 과거에 비슷했던 것은? • 그 밖에 흉내를 내본다면?
9	대용한다면?	• 대신할 사람은? • 대신할 물질은? • 다른 재료로 하면? • 다른 장소(공정)로 한다면? • 다른 에너지를 이용한다면?

7. 카탈로그법

주로 개인이 분명한 목적의식을 갖고 도형, 사진, 광고, 카탈로그, 문서 등을 보면서 아이디어를 발상하는 것이다. 다시 말해 참고자료를 통해 어느 순간 아이디어가 번득 떠오르도록 하는 방법으로 의인적 유추, 상징적 유추, 공상적 유추, 직접적 유추 같은 4가지 방법으로 활용된다.

8. 초점법(焦點法)

이 방법 역시 강제연상을 이용하는 발상법으로 입출법과 비슷하다. 다만 입출법은 강제연상의 출발점과 도달점이 처음부터 정해져 있는데 비해 초점법은 도달점만 정해져 있다. 가령 소리가 안 나는 자동차 개발을 도달점으로 하는 경우, 출발점에서는 어떤 내용부터 시작하던지 상관이 없다. 오직 소리 안 나는 자동차라는 목표로만 연결되면 된다.

9. 시네틱스(Synectics)법

고든에 의해 처음 시작된 것으로 2개 이상의 것을 결합하거나 합성한다는 의미의 그리스어 'synthesis'에서 비롯됐다. 유추(類推)와 비슷한 의미이다. 이 방법은 유사한 것으로부터 발상을 시작하는 것으로 의인적 유추, 상징적 유추, 직접적 유추 등 3가지 방법으로 구분할 수 있다. 예를 들어, 담뱃갑의 오프닝 테이프를 완두콩의 꼬투리에서 유추하는 것과 같은 것이다.

1) 의인적 유추

참가자가 테마 그 자체가 되어 다른 참가자가 그 참가자의 이야기를 걸러서 색다른 관점을 발견하는 것

2) 상징적 유추

테마의 포인트를 고도로 간결화하여, 힌트를 찾아내는 방법

3) 직접적 유추

모든 사물 중에서 실마리가 되는 실례를 찾는 방법이며 특히 자연계에서 실마리를 찾는 데 유용하다.

시넥틱스법의 진행순서는 다음과 같다.

① 문제제시

제시하는 문제에 대하여 사전에 리더와 전문가가 충분히 분석한다. 그 다음에 참가자 전원에게 문제를 제시한다.

② 전문가에 의한 분석과 해설

리더가 문제를 제시한 후 전문가가 참가자들에게 문제이해를 위한 해설을 실시한다.

③ 해결방안 발상

리더가 우선 문제에 대한 대략적인 아이디어를 제시한다. 이어 참가자들이 생각나는 대로 아이디어를 낸다.

④ 해결목표 설정

각 참가자가 제시된 문제를 해결할 수 있는 포인트를 목표형식으로 적는다. 예를 들면, '무엇에든 쓸 수 있는 용기'라는 해결목표를 '어떤 소재라도 넣을 수 있다'는 식으로 구체적으로 제시한다.

⑤ 유추를 위한 질문

리더는 설정한 해결목표에서 어떤 것을 유추할 수 있는지를 질문한다.

⑥ 유추 발상

의인적 유추, 상징적 유추, 직접적 유추 등을 방법을 사용해 해결목표와 관련된 유추발상을 시작한다.

⑦ 유추 선택

참가자들로부터 나온 유추 중 해결목표에 적용, 사용할 수 있는 것을 선택한다.

⑧ 유추 검토

선택한 유추를 해결목표와 함께 검토한다. 이때는 조그마한 실마리도 철저히 찾아낸다.

⑨ 강제 적합

지금까지 나온 모든 실마리를 사용하여 현실적으로 실행 가능한 아이디어에 결부시킨다. 이때는 강제발상을 많이 활용한다.

⑩ 해결책 작성

완전한 해결책이 되기 위해서는 전문가의 실력이 필요하다. 전문가는 여러 가지 테스트를 반복해 해결책이 완벽해질 수 있도록 보완해 나간다.

10. 고든법

미국의 고든(William J. Gordon)이 고안한 것으로 브레인스토밍과 마찬가지로 집단발상의 하나이다. 브레인스토밍의 4가지 규칙(비판엄금, 자유분방, 양 추구, 결합개선)이 똑같이 적용된다. 단, 브레인스토밍은 주제가 구체적으로 제시되는 반면에 고든법은 핵심단어(키워드)만 제시된다.

고든법에서는 해결해야 할 과제를 사회자만이 알고 있다. 가령, 면도기 신제품을 개발할 경우, 사회자는 참가자들에게 '깎는다'는 핵심단어만 제시하고 토론을 진행한다. 참가자들은 깎는 것과 관련된 다양한 발언을 하게 되고, 이 과정에서 의외의 기발한 발상들이 나오게 된다. 고든법의 진행방법은 다음과 같다.

1) 문제해결에 필요한 전문지식을 가진 사람은 물론, 다양한 분야에서 창조적 능력을 가진 사람들을 참가시켜 그룹을 만든다.
2) 리더만이 해결해야 할 문제를 알고 있고, 이해하고 있다. 좋은 아이디어가 나와 해결이 가까워질 때까지 참가자들에게 문제를 알려주지 않는다.
3) 리더는 발상의 방향을 제시하고 자유롭게 발언하도록 한다.
4) 다양한 의견이 제시될 때까지 계속한다.
5) 문제해결에 가까운 아이디어가 나오기 시작하면 리더는 문제가 무엇인지를 알려주고 아이디어를 구체화한다. 즉, 아이디어가 실행 가능한 유용한 아이디어가 될 수 있도록 만들어 간다.

11. NM법

고든법을 더욱 구체적으로 체계화한 발상법이다. 이 발상법은 일본의 나카야마 마사가즈가 창안한 것으로 그의 이름을 따서 NM

법이라고 부른다. 실시순서는 다음과 같다.

1) 주제의 핵심단어(키워드)를 정한다. 핵심단어는 2개 정도로 정한다.
2) 핵심단어로부터 연상유추를 도출한다. 여러 개의 유추발상이 되었더라도 그 중 2개만을 선택해 유추발상 결과를 기록한다.
3) 유추발상에서 배경을 생각한다.
4) 아이디어를 발상하여 차례로 기입한다.

NM법 실시사례는 〈그림 4-2〉와 같다.

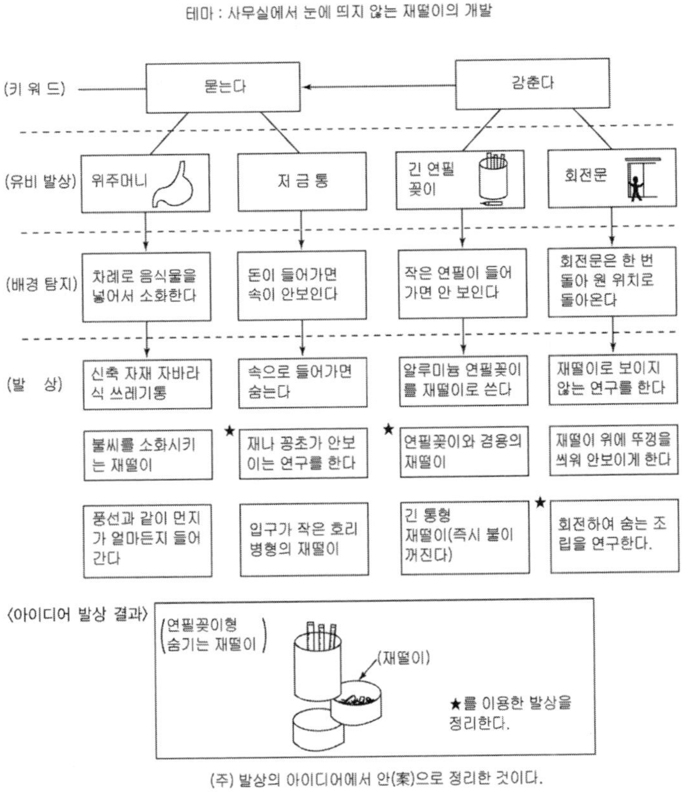

테마 : 사무실에서 눈에 띄지 않는 재떨이의 개발

〈그림 4-2〉 재떨이 개발을 위한 NM법 실시사례

12. 포스트잇(Post It) 발상법

이 기법은 3M社의 아트 프라이드가 개발한 포스트 잇(Post it)을 일본 TV 캐스터인 니시므라 아키라가 아이디어 발상법에 처음 활용하였다. 이를 《포스트잇 활용술》이란 책으로 만들어 베스트셀러 작가가 되기도 했다.

니시므라 아키라는 자동차 안, 찻집, 이동 중 어느 곳, 어느 때라도 시간만 되면 자신의 머릿속에 번득이는 아이디어를 포스트잇에 메모해두었고, 이를 다시 꺼내 읽어보면서 단편적이었던 아이디어를 결합해 하나의 완성된 문장으로 아이디어를 정리했다.

아이디어는 규칙적으로 찾아오는 것이 아니라 그때그때 떠오르는 것이기 때문에 떠오를 때마다 메모하고, 거기에 또 다른 내용을 계속 덧붙이다보면 평소 생각하지 못했던 아이디어가 하나의 이야기로 완성되는 것이다. 이를 순서로 정리해보면 다음과 같다.

1) 취재

거리를 걸을 때나 잡지의 광고를 볼 때나 언제 어디서든 아이디어가 떠오르면 포스트잇을 꺼내 바로 메모한다.

2) 축적

메모는 주제별로 나눠 붙여 놓는다. 새로운 종류의 주제가 나타나거나 주제가 일부 변형됐을 때는 포스트잇을 원하는 위치에 옮겨 붙인다. 포스트잇의 장점은 수시로 떼었다 붙였다 할 수 있기 때문이다.

3) 가공과 구성

메모를 주제에 따라 떼고 붙이다 보면 부족한 정보를 보완하게 되거나 또 다른 유형의 아이디어가 떠오르게 된다.

4) 산출(output)

가공된 결과를 정리해 최종 아이디어를 완성한다.

13. 연상법

사물을 보거나 현상을 관찰할 때 갖가지 생각이 머릿속에 떠오르고 그 생각들이 연상작용을 하게 된다. 즉 유사하거나 반대되는 생각들이 머릿속에 떠오른다. 이를 아이디어 발상에 활용한 기법이 연상법이다.

1) 유사연상

현상과 유사한 과거의 경험을 연상하는 것
예) 소↔말, 학교↔시험, 부자↔돈, 사자↔호랑이

2) 반대연상

현상과 반대인 과거의 경험을 연상
예) 좌 ↔ 우, 밤 ↔ 낮, 남 ↔ 여, 물 ↔ 기름

3) 접근연상

시간적, 공간적으로 접근되어 있는 것을 연상
예) 책상 ↔ 의자, 실 ↔ 바늘, 선생 ↔ 학생, 세탁기 ↔ 빨래

유사연상, 반대연상, 접근연상 등을 무작위로 반복하다 보면, 어떤 시점에 가서는 전혀 다른 연상을 떠올릴 수 있다. 예를 들면, 은행 → 돈(접근연상) → 부자(유사연상) → 모녀(반대연상) 등으로 되어 '은행 → 모녀'라는 전혀 생각하지도 못한 특이한 상황이 연상되어 획기적인 아이디어 발상을 할 수 있게 된다는 것이다.

14. 기타 기법

1) 동일복수 결합법

동일한 것을 복수로 결합하는 것

예) 외소켓 → 쌍소켓, 단일USB 포트 → 복수 USB 포트 등

2) 합성결합법

서로 다른 기능을 결합하는 것

예) 향기 + 비누 = 향기비누, 포인터 + 볼펜 = 포인터볼펜,
삽 + 괭이 = 야전삽 등

3) 원리모방법

특정 원리를 다른 용도로 사용하는 것

예) 배 뜨는 원리 → 화장실 자동 물 조정기, 소리의 전달 →
청진기, 진공장치 → 하수구 청소기 등

③ 아이디어 상품 사례

아이디어는 궁극적으로 상품으로 실현되어야 진가를 발휘하게 된다. 아이디어로만 그칠 경우에는 쉽게 잊혀지거나 그 가치가 절하되고 만다. 필자는 가끔 지하철을 타거나 길거리를 걸을 때 눈에 띄는 아이디어 상품을 보고 감탄하게 되는데 왜냐하면 그것은 아이디어에 그친 것이 아니라 경제성까지 고려해 타당성이 검증된 아이디어이기 때문이다. 아이디어가 상품화된 사례를 일부 소개하니 이를 토대로 자신의 아이디어를 아이디어에 그치지 않고 상품화시킬 수 있는 방향으로 발전시키는 노력을 하기 바란다.

〈사례1〉 방향제 나비

이 제품은 화장실 같은 곳에 있는 거울에 방향제 나비를 붙여 방향제라는 기본적인 역할뿐만 아니라 화장실 미화와 분위기를 좋게 하는 효과도 있다.

〈사례2〉 안경 닦이

안경수건으로 안경을 닦다 보면 닦은 부분에 안경수건이 접촉되어 다시 닦거나 특정 부분만을 집중적으로 닦기가 어려운데 이 안경 닦이는 안경에 접촉되는 부위가 적고 닦고 싶은 부분을 집중적으로 닦을 수 있다.

〈사례3〉 영구 라이터

금속의 마찰로 불꽃을 발생시켜 불을 붙이는 원리를 활용해 개발된 라이터로 영구적으로 사용할 수 있다.

〈사례4〉 동물장갑

장갑 손가락 부분을 어린 아이들이 좋아하는 동물 모양으로 만들어 친근감을 느끼게 한다.

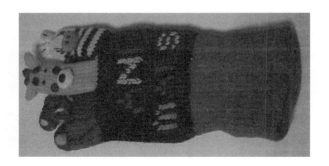

〈사례5〉 라디오 겸용 만보계

요즈음 건강을 위해 만보계를 많이 차고 다니는데 여기에 라디오 기능을 추가시켰다.

〈사례6〉 라이터 계산기

전자계산기에 라이터 기능을 추가했다.

〈사례7〉 라이터볼펜

볼펜에 라이터 기능을 추가했다. 볼펜 뚜껑 부분을 누르면 라이터가 켜진다.

〈사례8〉 분리되는 시계

싫증이 날 경우에 시계줄이나 본체를 교환할 수 있도록 하여 다양한 디자인의 시계를 찰 수가 있다.

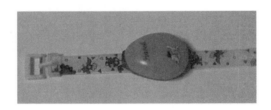

〈사례9〉 반짇고리

작은 통에 다양한 색상의 실과 바늘을 구비하고 있는 반짇고리. 집에서 뿐만 아니라 출장을 자주 다니는 사람들은 간단하게 옷을 수선할 수가 있다.

〈사례10〉 독서등

휴대용 독서등으로 어두운 곳 어디에서나 책을 볼 수 있다. 불빛 방향도 자유롭게 조절할 수 있다.

〈사례11〉 알람계산기

계산기와 알람시계 기능을 혼합한 것으로 아침잠이 많은 사람이
출장을 갈 경우 유용하게 사용할 수 있다.

〈사례12〉 연인베개

혼자서 잠자기가 허전한 사람들을 위한 베개

〈사례13〉 휴대용 옷걸이

승용차 안에 양복이나 드레스셔츠를 걸어둘 때 사용하면 편리하다.

* 접은 모양

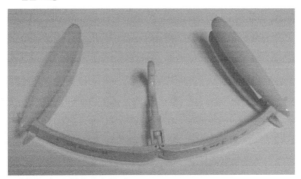

* 펼쳤을 때 모양(옷걸이 용도)

Chapter 05

각종 개선기법

① 6시그마

1. 6시그마의 의미

    시그마(Sigma : σ)란 그리스 알파벳 24개 글자 중 18번째 글자에 해당하며, 통계학에서는 이를 표준편차(Standard deviation)를 나타내는 기호로 사용하고 있다. 통계학에서 6시그마(Six Sigma)는 규격상한(USL : Upper Specification Limit)과 규격하한(LSL : Lower Specification Limit)이 있는 경우, 단기적으로 규격중심으로부터 규격상한(또는 규격하한)까지의 거리가 표준편차(σ)를 기준으로 해서 6배 거리에 있다고 하는 의미이다. 즉 6시그마 상태에서는 규격 밖에 존재하는 데이터의 수가 100만개 중 0.002개(0.002ppm) 밖에 안 된다.

    그런데 여기서 한 가지 고려해야 할 사항은 이와 같은 경우는 규격중심과 현장에서 수집된 데이터 사이의 평균치($\bar{x}$)가 일치된 때를 가리킨다는 것이다. 다시 말해 실제로는 규격중심치(목표 : μ)와 데이터 평균치($\bar{x}$) 사이에 다소 편차가 발생한다는 것이다. 따라서 6시그마 이론은 목표(μ)와 평균치($\bar{x}$) 사이의 편차가 1.5σ라고 가정하고 통계적으로 접근한다. 이런 경우에는 규격 밖에 존재하는 데이터의 수는 100만개 중 3.4개(3.4ppm)로 변하게 된다. 즉 일반적으로 6시그마 수준이라고 하면 100만개의 생산품 중 3.4개의 부적합이 발생하는 수준이라고 생각하면 된다.

2. 6시그마 활동과 분임조활동 비교

1987년 미국 모토로라에서 시작된 6시그마(Six Sigma)는 1990년 초중반에 국내에 도입된 이후 급속도로 확산되어 이제는 어느 정도 정착기에 접어들었다. 그동안 각 기업들의 노력으로 6시그마는 국내 기업의 품질관리 수준을 한 단계 상승시키는 데 크게 기여했고, 분임조활동에서도 6시그마를 활용해 문제를 해결하는 모습을 볼 수 있다.

한 가지 아쉬운 점은 6시그마 기법이 국내에 도입되면서 이전에 분임조 문제해결 방법으로 많이 활용되던 QC기법을 많은 기업들이 용도 폐기하는 경우가 있는데 이는 올바른 태도라 할 수 없다. 새로운 기법이 이전 기법의 부족한 부분을 보충하는 역할을 할 수는 있지만 완전히 대체할 수는 없다. 왜냐하면 모든 기법은 완벽하지 않기 때문이다. 또한 기법은 문제해결을 위한 수단이지 목적이 아니기 때문이다. 모든 기법은 문제접근방법과 문제해결방법이 다소 상이할 뿐 궁극적 목적은 동일하다. 따라서 새로운 기법을 도입한다고 해서 이전의 기법을 무의미한 또는 무가치한 것으로 인식하는 태도는 지양해야 한다.

6시그마 문제해결 과정은 정의(Define) → 측정(Measure) → 분석(Analyze) → 개선(Improve) → 관리(Control) 등 5단계로 구분되며, 이 순서에 따라 추진한다. 이를 기존 품질분임조 활동단계와 비교하면 표현방법 등이 다소 상이할 뿐 대동소이(大同小異)하다. 단, 6시그마의 경우는 모든 문제를 '고객지향'이라는 측면에서 판단하고 데이터의 정확성을 확보하기 위해 통계기법을 필수적으로 사용하는 것이 차이라고 할 수 있다. 6시그마활동과 품질분임조활동의 추진단계를 그림으로 비교해보면 〈그림 5-1〉과 같다.

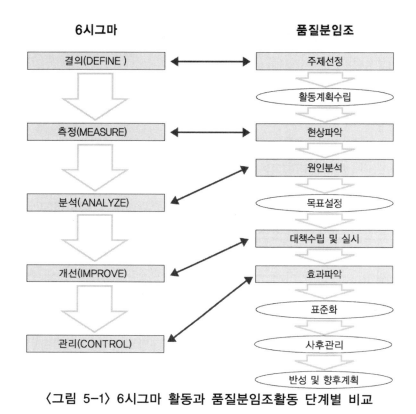

〈그림 5-1〉 6시그마 활동과 품질분임조활동 단계별 비교

〈그림 5-1〉에서 보는 바와 같이 6시그마활동과 품질분임조활동
은 크게 다르지 않다. 각 추진단계의 명칭이 다소 다를 뿐이다. 따
라서 품질분임조활동과 6시그마활동을 완전히 다른 것으로, 또는
둘 중 어느 하나가 우월한 것으로 인식할 필요는 없다. 중요한 것
은 문제를 해결하는 데 어떤 활동방법을 사용하는 것이 목표를 달
성하는 데 더 효율적인가 또는 더 효과적인가를 따져 그에 적합한
활동을 채택하면 되는 것이다.

6시그마와 기존 분임조활동은 활동추진기법에 있어 약간 차이가
있는데 기존 분임조활동은 QC 7가지 기법과 신QC 7가지 기법을
주로 활용하는 반면에 6시그마는 다양한 통계기법을 많이 활용한

다. 왜냐하면 통계기법을 활용하면 문제를 시그마 수준으로 환원
할 수 있고, 이를 통해 제품이나 업무의 수준을 객관적으로 판단할
수 있는 기준을 제공받을 수 있으며, 이 기준을 바탕으로 의사결정
을 손쉽게 할 수 있기 때문이다. 6시그마와 분임조활동에서 활용
하는 기법을 비교하면 〈그림 5-2〉와 같다.

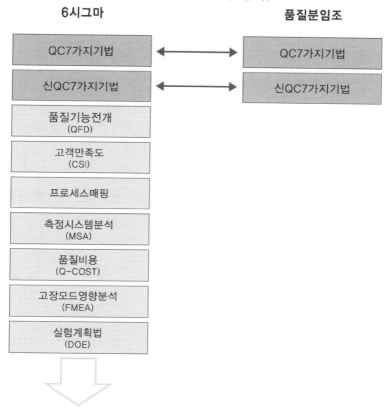

〈그림 5-2〉 6시그마와 분임조활동에서 활용하는 기법 비교

3. 6시그마, 분임조, 제안활동 비교

이 세 가지 활동의 공통점은 모두 제품이나 업무 프로세스를 개
선해 회사에는 경영이익을, 개인에게는 문제해결 능력향상을 꾀하

게 하는 데 있다. 차이는 문제해결방법과 접근방법이 다르다는 것
이다.

6시그마활동은 문제의 실태를 조사하는 정의(Define)단계, 문제
의 잠재적인 요인을 찾아보는 측정(Measure)단계, 문제점과 잠재
요인 간의 상관관계를 통계적으로 분석하는 분석(Analyze)단계,
상관관계가 있는 원인인자들을 최적화하는 개선(Improve)단계,
개선안의 유효성검증을 위한 사후관리(Control)단계로 문제해결을
실시한다.

분임조활동은 주제선정 → 활동계획수립 → 현상파악 → 원인분
석 → 목표설정 → 대책수립 및 실시 → 효과파악 → 표준화 → 사
후관리 → 반성 및 향후계획 등 10단계를 기본으로 문제해결을 실
시한다.

제안활동은 아이디어 제안을 기준으로 하면 제안 → 검토(채택/
불채택)→ 실시 → 평가(제안등급) → 포상 등의 순으로 문제해결
을 실시한다. 각각의 개선활동에 대한 공통점과 차이점을 정리 해
보면 〈표 5-1〉과 같다. 여기에 기술된 차이점들은 절대적인 것이
아니다. 따라서 각 활동의 차이점을 어느 정도 구분하는 데 도움을
받는 정도로 이해하면 좋다.

〈표 5-1〉 개선활동별 비교

번호	구분	6시그마	분임조	제안
1	활동목적	경영이익에 기여		
2	개선효과	제품 또는 프로세스 개선		
3	효과파악 기간	1년(예상효과)		
4	인센티브	효과금액의 일정비율 또는 등급별 포상		
5	활동목표	고객만족	제품개선	낭비제거
6	조직구성	T.F.T, 또는 C.F.T	부서 내 소집단 구성	개인
7	추진방법	위에서 아래로 (Top Down)	아래에서 위로 (Bottom Up)	아래에서 위로 (Bottom Up)

8	개선대상 영역	개발, 생산, 서비스 등 전 부문	제조공정	직접 및 사무부문 그리고 제조공정
9	개선범위	규격(spec)이탈	규격(spec) 내 산포	–
10	개선스텝	DMAIC 또는 DMADV	주제선정~반성 및 향후계획(10단계)	제안→검토→실시 →심사→포상
11	측정지표	시그마(σ)	부적합품률(%)	–

4. 6시그마 문제해결 추진단계

기존의 분임조활동에서는 문제해결을 위해 10단계의 과정을 거쳤다. 반면, 6시그마는 5단계의 과정을 거쳐 문제해결을 시도한다. 앞서 살펴봤듯이 5단계와 기존의 10단계는 큰 차이가 없으며, 6시그마에서는 각 단계마다 통계기법을 많이 활용한다는 것에 차이가 있을 뿐이다. 6시그마 추진단계에서의 핵심추진내용을 간략히 정리하면 〈표 5-2〉와 같다.

〈표 5-2〉 6시그마 추진단계별 핵심추진내용

품질분임조	6 시그마	6시그마 핵심추진내용
1. 주제선정	1. 정의(Define)	고객의 핵심요구사항(CTQ) 을 프로젝트로 선정
2. 활동계획수립		
3. 현상파악	2. 측정(Measure)	문제현상을 정량적으로 파악하고 필요시 측정시스템 분석을 실시
4. 원인분석	3. 분석(Analyze)	문제를 발생시키는 잠재요인 발굴 및 통계적 분석을 통한 핵심요인(Vital few) 선정
5. 목표설정		
6. 대책수립 및 실시	4. 개선(Improve)	핵심요인의 최적조건 설정
7. 효과파악	5. 관리(Control)	프로젝트 시행 후 재무적 성과 및 사후관리 방안수립
8. 표준화		
9. 사후관리		
10. 반성 및 향후계획		

6시그마 각 단계별 핵심추진내용을 간략히 설명하면 다음과 같다. 첫째, 정의단계는 말 그대로 문제점을 정의하는 단계로 고객의 소리(VOC : Voice Of Customer)와 회사의 소리(VOB : Voice Of Business)를 입수·분석하여 핵심요구사항(CTQ : Critical To Quality)을 도출한다. 그리고는 프로젝트 평가표를 사용해 이번에 해결해야 할 프로젝트를 선정한다.

둘째, 측정단계에서는 공정능력분석이나 파레토도를 사용해 문제의 크기(또는 수준) 정도를 정량화해 표시한다. 그리고 데이터 측정자의 오차가 발생할 수 있는 경우에는 측정의 정밀도(또는 정확도, Gage R&R)를 평가한다.

셋째, 분석단계에서는 특성요인도, X-Y MATRIX, FMEA 등을 사용해 잠재요인을 도출한다. 그리고는 통계기법(검정, 추정, 상관분석, 회귀분석 등)을 사용해 잠재요인 중 핵심요인(Vital few)을 찾아낸다.

넷째, 개선단계에서는 실험계획법, 분산분석, 반응표면분석 등을 사용해 핵심요인이 최적 상태일 때의 조건을 찾는 실험을 실행한다.

다섯째, 관리단계에서는 개선단계에서 실행한 개선안의 효과(재무성과, 비재무성과, 부적합품률, 시그마수준 등)를 산출하고, 개선내용을 지속적으로 관리하기 위한 관리계획을 수립한다.

지금까지의 설명은 주로 제어변수(수치로 관리되는 인자)에 대한 문제해결방법으로, 6시그마 이론의 가장 기초라 할 수 있다. 대안변수(수치로 나타내기 힘든 업무나 공정 개선)에 대한 문제해결방법은 제어변수의 경우와 다소 달라진다. 따라서 좀 더 상세한 내용을 학습하기를 원한다면 시중에 나와 있는 관련 서적 중 자신의 수준과 맞는 서적을 택해 학습할 필요가 있다.

5. 표준편차 구하는 법

QC 7가지 기법만을 위주로 분임조활동을 할 경우에는 표준편차 (영어로는 'standard deviation'이며, 약어로 's' 라고 표시) 가 다소 낯설게 느껴진다. 그리고 현장에서 대체로 어려워하는 것이 수치관리이다. 하지만 조그만 관심을 기울이고 노력하면 그리 어렵지도 않고 복잡하지도 않다. 다음의 예를 통해 표준편차를 이해해보자.

현장에서 7개의 제품을 뽑아서 길이를 측정한 결과가 다음과 같다.

18.8   18.6   18.4   18.2   18.3   19.3   18.8

이들 길이의 평균을 구하면 다음과 같다.

$$평균(\bar{x}) = \frac{\sum x i}{n}$$

$$= \frac{18.8 + 18.6 + 18.4 + 18.2 + 18.3 + 19.3 + 18.8}{7}$$

$$= \frac{130.4}{7} = 18.6286$$

여기서 표준편차는 현재 구한 평균값($\bar{x}$)을 기준으로 평균값과 각 데이터 값들의 차이를 구하고 이를 모두 더해 평균한 값을 말한다. 그런데 평균값($\bar{x}$)을 기준으로 각 데이터 값들의 차이를 모두 더하면 제로(zero)가 된다. 따라서 평균값에서 각 데이터 값의 차이를 구하고 그 차이를 제곱한 후 다시 루트(root)를 씌워 계산한다. 이는 어떤 값을 제곱한 후 루트를 씌우면 원래 값이 되기 때문이다.

예를 들어, 1, 3, 5 라는 3개의 데이터 값이 있을 경우, 평균은 3이며, 평균을 기준으로 평균에서 각 데이터 값을 빼서 합을 구하면 $\sum(3-1)+(3-3)+(3-5)=2+0+(-2)=0$ 이 된다. 따라서 앞서 설명한 바와 같이 평균값에서 각 데이터의 값을 빼고, 그 값을 제곱한 값들을 더하여 평균을 낸 값에 루트를 씌운다. 그렇게 해서 나온 값이 표준편차이다.

표준편차(s)

$$= \sqrt{\frac{\sum (3-1)^2 + (3-3)^2 + (3-5)^2}{3-1}} = \sqrt{4} = 2$$

로 구한다.

표준편차 공식은 다음과 같다.

$$표준편차(s) = \sqrt{\frac{\sum (xi - \overline{x})^2}{n-1}}$$

앞에서 예로 제시한 7개 데이터의 표준편차는 다음과 같다.

$$표준편차(s) = \sqrt{\frac{\sum (xi - \overline{x})^2}{n-1}} = 0.3773$$

이렇게 구한 표준편차는 평균값($\overline{x}$=18.6286)을 기준으로, 평균값과 각 데이터들 간의 차이들의 평균값이 0.3773이라는 뜻이다. 최근에는 미니탭이라는 통계 패키지 프로그램이 많이 보급되어 있어 데이터 값만 입력하면 손쉽게 〈표 5-3〉과 같이 평균과 표준편차를 구할 수가 있다.

〈표 5-3〉 미니탭을 사용해서 구한 평균과 표준편차

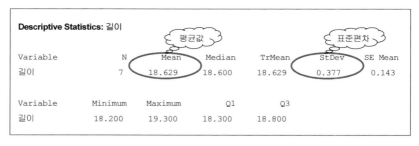

이외에도 미니탭을 활용하면 〈그림 5-3〉과 같이 히스토그램,

Box Plot, 평균값의 신뢰구간, 정규성 검증, 최대값, 최소값 등 의 사결정을 위한 다양한 정보를 얻을 수 있다.

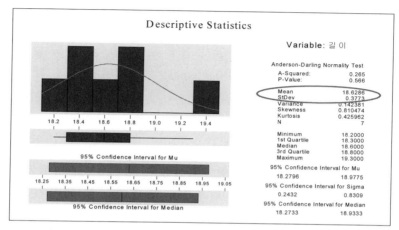

〈그림 5-3〉 미니탭을 활용한 추가적인 통계정보

6. 자연변동

앞서 설명했듯이 6시그마는 규격상한(USL : Upper Specifica-tion Limit)과 규격하한(LSL : Lower Specification Limit)이 있

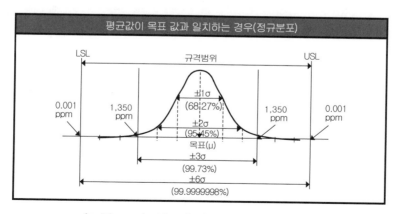

〈그림 5-4〉 시그마 수준별 부적합품률 I

는 경우, (단기적으로) 규격중심으로부터 규격상한(또는 규격하한)까지의 거리가 표준편차(σ)의 6배 거리에 있다는 의미이다. 이때 규격 밖에 존재하는 데이터의 수는 100만 개 중 0.002개(0.002ppm)가 된다. 즉, 10억 개 물품 중 부적합이 단 2개 밖에 안 된다는 것이다. 이를 알기 쉽게 표현하면 〈그림 5-4〉와 같다.

현재 상태를 공정능력지수(Cp)로 나타내면 다음과 같고, 이를 단기 공정능력지수라 한다.

$$\text{Cp} = \frac{\text{규격상한} - \text{규격하한}}{6 \times \text{표준편차}} = \frac{6\sigma - (-6\sigma)}{6 \times \sigma} = \frac{12\sigma}{6\sigma} = 2$$

여기서 한 가지 주의해야 할 사항은 위의 경우는 규격중심과 현장에서 수집한 데이터의 평균치($\bar{x}$)가 일치된 경우일 때만 해당한다는 것이다. 그러나 실제로 우리들이 현장에서 데이터를 수집했을 때는 규격중심치(목표 : μ)와 데이터 평균치($\bar{x}$) 사이에 항상 편차가 발생하게 된다. 따라서 목표(μ)와 평균치($\bar{x}$) 사이의 편차를 ±1.5σ(이를 자연변동이라고도 함)라고 가정하고 통계적으로 접근하는 방법이 바로 6시그마 이론이다. 이 경우를 그림으로 표현하면 〈그림 5-5〉와 같다.

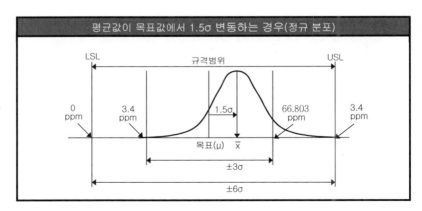

〈그림 5-5〉 시그마 수준별 부적합품률 II

이때는 공정능력지수(C_p)를 치우침을 고려한 공정능력지수라고 하며 C_{pk}라는 기호를 사용해 표시한다.

6시그마 이론에서 치우침도(k)를 계산하면 다음과 같다.

즉, 6시그마에서 C_{pk} 값은 다음과 같으며, 이를 장기공정능력지수라고 부른다.

$$C_{pk} = (1-k) \times C_p$$

$$\therefore k(치우침도) = \frac{\left| \dfrac{규격상한 + 규격하한}{2} - \bar{x} \right|}{\dfrac{규격상한 - 규격하한}{2}}$$

6시그마 이론에서의 치우침도(k)를 계산해 보면 다음과 같다.

$$k = \frac{\left| \dfrac{6\sigma + (-6\sigma) - 1.5\sigma}{2} \right|}{\dfrac{6\sigma - (-6\sigma)}{2}}$$

$$= \frac{|0 - 1.5\sigma|}{6\sigma} = \frac{1.5\sigma}{6\sigma}$$

$$= 0.25$$

즉 6시그마이론에서의 C_{pk}값은

$C_{pk} = (1 - 0.25) \times 2 = 1.5$과 같이 변하게 되므로 이를 6시그마 이론에 의거 공식화하면

$C_{pk} = C_p - 0.5$와 같이 나타나게 되며, 이를 장기공정능력지수라고 부른다.

다시 정리해보면, ±1.5시그마 자연변동을 고려하지 않으면 6시그마 수준에서의 부적합품률은 0.002ppm(2part per billion)으로 10억 개 중 2개 정도만이 부적합이지만 ±1.5시그마 자연변동을 고려하게 되면, 부적합품률이 3.4ppm으로 100만 개 중 3.4개(10억 개 중 3,400개)의 부적합이 발생하게 된다. 참고로 ±1.5시그마 자

연변동을 고려했을 때와 고려하지 않았을 경우의 부적합품률(한쪽 규격을 벗어날 확률)을 비교하면 〈표 5-4〉와 같다.

〈표 5-4〉 ±1.5시그마 변동시의 부적합품률 비교표

Sigma Conversion Chart					
Centered (short-Time)			**Shifted-1.5σ (long-Time)**		
Sigma	Yield	PPM	Sigma	Yield	PPM
1.5	.93319277121	66.807	0.0	.50000000000	500.000
2.0	.97724993796	22.750	0.5	.69146246736	308.538
2.5	.99379032014	6.210	1.0	.84134474024	158.655
3.0	.99865003278	1.350	1.5	.93319277121	66.807
3.5	.99976732663	233	2.0	.97724993796	22.750
4.0	.99996831397	32	2.5	.99379032014	6.210
4.5	.99999659920	3.4	3.0	.99865003278	1.350
5.0	.99999971290	.29	3.5	.99976732663	233
5.5	.99999998096	.019	4.0	.99996831397	32
6.0	.99999999901	.001	4.5	.99999659920	3.4

7. 산포의 의미

산포(散布, Dispersion)는 데이터의 흩어진 정도를 말하는데 생산에서 이를 관리해야 하는 이유는 한마디로 균일한 품질의 제품을 생산하기 위해서이다. 하나의 라인에서 여러 개의 제품을 생산하다보면, 이미 정해진 제품규격(일반적으로 규격중심치와 허용차)이 있음에도 불구하고 실제로 생산된 제품의 품질특성치를 측정해보면 측정한 값과 정해져 있는 규격중심치가 똑같은 경우를 찾기가 거의 힘들다. 이런 현상을 두고 데이터의 산포가 발생한다고 한다.

예를 들어보자. A와 B, 두 개 라인에서 생산된 제품을 샘플링하여 검사항목 중 하나인 길이(품질특성치)를 측정했을 때, 두 가지 경우를 생각해볼 수 있다. 첫째는 A라인과 B라인에서 생산된 제품들이 〈그림 5-6〉과 같이 산포(표준편차)는 같으나 평균치가 다른 경우이며, 둘째는 A라인과 B라인에서 생산된 제품들이 산포(표준편차)는 다른데 평균치가 같은 경우이다. 두 가지 경우 형태의 차이는 있으나 모두 제품부적합이 발생할 수 있는 경우이다. 따라서 좋은 품질의 제품을 생산하기 위해서는 평균과 편차를 관리해야 하며, 평균과 편차를 관리하기 위해서는 기본적으로 4M(Man, Material, Machine, Method)을 중점적으로 관리해야 한다. 즉, 공정에서 부적합이 발생한다는 것은 4M의 관리가 부족하다는 것을 의미한다.

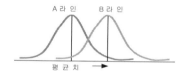

〈그림 5-6〉 평균치 차이 발생

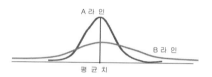

〈그림 5-7〉 산포차이 발생

8. 잠재적 공정능력지수

공정능력지수는 두 가지 경우로 구분해 산출하는데 하나는 잠재적 공정능력지수(C_{pk})이고, 다른 하나는 실제적 공정능력지수(P_{pk})이다. 두 가지의 차이점은 잠재적 공정능력지수(C_{pk})를 산출할 때는 군 내 표준편차[미니탭에서 StDev(Within)]만을 적용하고, 실제적 공정능력지수(P_{pk})를 산출할 때는 군 간 표준편차[미니탭에서 StDev(Overall)]까지를 포함한다는 것이다. 이를 좀 더 자세히 설명하면 다음과 같다.

$$공정능력지수(C_{pk}, P_{pk}) = (1-k) \times \frac{규격상한 - 규격하한}{6 \times 표준편차}$$

$$= (1-k) \times \frac{USL - LSL}{6 \times s}$$

※ k(치우침도), USL(Upper Specification Limit), LSL(Lower Specification Limit)

위의 식에서 군 간 표준편차(변동)를 무시하고 군 내 편차(변동)만을 고려하여 산출한 것을 잠재적 공정능력지수(C_{pk})라고 하며, 이때 표준편차(s)는 다음과 같이 구한다.

또한

$$표준편차(s) = \frac{\overline{R}}{d_2}$$

※ d_2는 군의 개수에 따른 상수

반면, 군 간 표준편차(변동)와 군 내 표준편차(변동)를 고려해 수집된 개개의 모든 데이터를 대상으로 표준편차를 산출하면 실제적 공정능력지수(P_{pk})라고 한다. 이때 표준편차(s)는 다음과 같이 구한다.

$$표준편차(s) = \sqrt{\frac{\sum (x_i - \overline{x})^2}{n-1}}$$

잠재적 공정능력지수(C_{pk})와 실제적 공정능력지수(P_{pk})의 차이점을 간략히 표로 정리하면 〈표 5-5〉와 같으며, 미니탭(MINITAB) 통계 프로그램을 활용한 잠재적 공정능력지수(C_{pk})와 실제적 공정능력지수(P_{pk}) 결과는 〈그림 5-8〉과 같다.

〈표 5-5〉 잠재적 공정능력지수(C_{pk})와 실제적 공정능력지수(P_{pk})의 차이점

구분	명칭	영문표기(미니탭)	산출방식
C_{pk}	잠재적 공정능력지수	Potential(Within) Capability	공정에서 군 간 변동이 제거되었을 때 공정의 군 내 변동만으로 규격 대비 수행능력을 평가한 지수
P_{pk}	실제적 공정능력지수	Overall Capability	모든 데이터에 대한 변동 값으로 규격 대비 수행능력을 평가한 지수

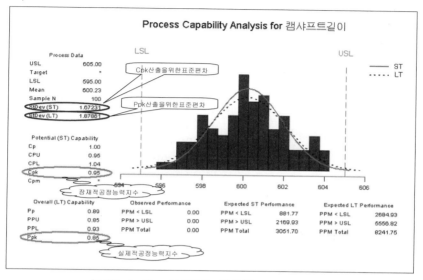

<그림 5-8> 미니탭을 활용한 공정능력분석

9. 계량치 데이터와 계수치 데이터

데이터 유형이 계량치 데이터인가 아니면 계수치 데이터인가는 품질관리에서 매우 중요한 구분이다. 계량치냐 계수치냐에 따라 통계적 기법(관리도, 검정, 추정, 샘플링 검사, 분포 등)을 사용하는 방법이 상이하기 때문이다. 계량치와 계수치를 간단히 정리하면, 계량치 데이터는 계측기를 사용해 값을 측정해야 하는 성질을 가진 데이터이며, 계수치 데이터는 별도의 계측이 없이 눈으로 하나, 둘 셀 수 있는 데이터를 말한다. 좀 더 구체적으로 정리하면 <표 5-6>과 같다.

〈표 5-6〉 계량치와 계수치 데이터 비교

구분	의미	측정방법	데이터 예시
계량치 데이터	연속량으로 측정되는 품질특성의 수치	계측기 사용	길이, 무게, 인장강도, 온도, 절연저항, 내전압 등
계수치 데이터	불연속량으로 측정되는 품질특성의 수치	별도 측정장비 없이 육안으로 셀 수 있다	부적합수, 결점수, 흠의수, 크랙수, 핀홀수 등

10. 6시그마 추진을 위한 준비

6시그마활동이 국내 많은 기업에서 도입되어 괄목할만한 많은 성과를 이루어낸 건 사실이다. 하지만 일부 기업의 경우는 도입을 위한 사전준비를 너무 소홀히 한 탓에 6시그마 활동을 제대로 해보지도 못하고 그만두고 있다. 이는 새로운 시스템을 도입하기 전에 철저한 사전검토와 준비가 필요하다는 것을 보여주는 단적인 사례이다.

6시그마활동이 실패한 기업을 보면, '씨 뿌리는 노력조차 하지 않은 채 수확을 기다리는' 우매한 사고를 가진 경우가 대부분이다. 획기적인 경영혁신 기법이라도 노력 없이 효과가 나타나는 경우는 절대로 없다. 특히 6시그마는 경영자 주관 아래 전 부문이 전력투구하지 않으면 성공하기 어려운 활동이다. 6시그마활동을 성공적으로 수행하기 위해 반드시 추진해야 할 사항은 다음과 같다.

첫째, 6시그마 이론에 대한 교육훈련이다. 기존의 다른 기법들과 비교해 6시그마는 통계기법을 활용해 문제를 해결하기 때문에 6시그마 문제해결단계와 통계적 품질관리이론을 본격적인 활동 이전에 충분히 학습해야 한다. 또한 활동 중에도 지속적인 학습이 필요하다.

둘째, 6시그마 추진조직(소기업은 전담자) 구성이다. 6시그마 프로젝트 등록에서부터 단계별 평가, 포상 등에 대한 절차수립, 교육기획, 미니탭 프로그램 보급, 우수사례 제공, 우수기업 벤치마킹, 가시관리 등 6시그마 추진조직에서 해야 할 일은 무궁무진하다. 특히 6시그마에 대한 가시관리는 6시그마를 홍보하고 선의적인 경쟁을 유도하는 데 큰 효과를 발휘할 수 있다. 가시관리 내용은 당사의 6시그마 추진 개념도, 각 부문별 6시그마 추진단계별 현황, 6시그마 벨트자격자 현황, 6시그마 유형효과 현황 등이다.

셋째, 정기적인 활동결과 발표회 실시이다. 기본적으로 활동결과 발표회는 각 부문 간 활동방법이나 개선내용을 공유할 수 있는 학습장(場)으로서의 역할을 한다. 더 중요한 의미는 회사 경영자가 참석한 가운데 활동결과를 발표함으로써 6시그마활동에 대한 회사의 적극적인 지원을 받을 수 있는 좋은 기회가 된다. 발표회 시 여건이 된다면 외부 전문가를 참석시켜 활동결과에 대한 자문을 받으면 더욱 좋다.

11. 검정

검정은 어떤 모집단의 가설(가정)을 설정하고, 가설의 성립 여부를 시료의 데이터로 판단하여 통계적 결정을 내리는 것을 말한다. 다시 설명하면, 어떤 제품의 품질을 개선했는데 현재의 품질특성치가 예전보다는 좋아졌지만 이것이 실제로 좋아진 것인지 우연히 좋게 나타난 것인지를 직관적으로 결정내리기는 어렵다. 이런 경우에 통계기법을 사용해 품질개선 여부를 쉽게 판정할 수 있다. 이것을 검정이라고 한다.

통계용어를 사용하여 설명하면, 개선된 품질특성치(기준치를 μ라 할 때)가 개선 전 품질특성치와 비교해 더 나은지, 더 나아졌다

면 어느 정도 나아졌는지를 살펴보는 것이며, 다음과 같은 논리로
실시한다.

처음에 품질특성치가 기준치(μ)와 차이가 없다고 생각한다(이것
을 귀무가설이라고 하고 기호 Ho 로 표시). 다음에는 실제로 측정해
실제 측정치를 구한다. 그런데 귀무가설의 결과가 나타날 확률 α(알
파)가 너무 작은 값으로 인정되면 처음의 가설, 귀무가설(Ho)을 버
리고, 모평균은 기준치(μ)와 다르다(이것을 대립가설이라고 하고 H₁
으로 표시)고 결론을 내린다. 즉, 귀무가설(Ho)을 버릴 것인지(기각)
혹은 채택할 것인지를 통계적으로 판단하는 것이 검정이다.

예를 들어 형광등 제조회사 QA 측정실에서 가정용 형광등의 평
균수명을 추정하기 위해 9개의 형광등 수명 단축실험을 실시했다.
조사결과, 다음과 같은 데이터를 얻었다고 할 때, 형광등의 평균수
명이 1,100시간인지를 검정하려고 한다. 이때 모표준편차는 10(단
위 : 시간)이라고 가정한다.

987, 1121, 997, 1020, 978, 1040, 982, 1050, 992

미니탭 프로그램을 사용하여 검정을 실시하면 미니탭 세션
(session) 창에 다음과 같은 결과가 출력된다.

```
Test of mu = 1100 vs mu not = 1100
The assumed sigma = 10

Variable      n      mean       StDev      SE Mean
Cl            9      1018.56    46.22      3.33

Variable      95.0%  CI                    Z          P
Cl            (1012.02, 1025.09)          -24.43     0.000
```

위의 경우에는 형광등 평균수명이 1,100시간이 아니라고 판정하
면 된다. 통계적으로 p값이 '0'이므로(0.05보다 작으므로) 귀무가
설을 기각하는 것이다.

12. DPMO

업무처리 시의 실수를 측정하여 업무처리 수준을 평가하는 방법으로 기회당 결함수(DPO : Defect Per Opportunity)를 사용한다. 이는 업무수행 시 발생하는 실수 정도를 측정해 수치화(즉 개선 전 DPO)하고, 개선 후의 기회당 결함수를 측정하여 업무 정확성의 개선 정도를 수치화하는 것이다.

사무업무에서 발생하는 기회당 결함수 측정방법을 예를 들어 설명하면 〈표 5-7〉과 같다. 단, 기회당 결함수를 사용할 때는 결함 수치가 너무 작게 나타날 수 있기 때문에 기회당 결함수에 100만을 곱한 백만 기회당 결함수(DPMO : Defect Per Million Opportunity)를 많이 사용한다.

〈표 5-7〉 DPMO 측정방법 예시(클레임 접수대장)

번호	접수일자	고객명	담당자	전화번호	클레임내용	처리방법			처리일자	처리부서	처리자
						수리	교환	환불			
① 정상	② 정상	③ <u>오류</u>	④ 정상	⑤ <u>오류</u>	⑥ 정상	⑦ 정상	⑧ 정상	⑨ 정상	⑩ 정상	⑪ 정상	⑫ 정상

*DPO(기회당 결함수) = 2개 결함/12개 필드 = 0.167 DPO
*DPMO(백만 기회당 결함수) = 0.167 x 1,000,000 = 167,000 DPMO(=16.7% 부적합)

13. 6시그마 소프트웨어

국내에서 개발된 통계 패키지 프로그램도 있지만 그래도 가장 많이 사용되는 프로그램은 미니탭(MINITAB)이다. 미니탭은 원래 기초통계학을 수강하는 학생들을 위하여 1972년 미국 펜실베니아 주립대학에서 개발된 통계 프로그램이었다. 하지만 공학, 사회학, 심리학, 경영학, 품질관리 분야 등 자료를 분석해 연구하는 모든 분야로 확산되었다. 최근에는 많은 기업이 6시그마활동을 전개하면 필수 통계 프로그램으로 자리 잡았다.

미니탭은 기초통계, 각종 그래프, 실험계획 및 분석, 회귀분석, 상관분석, 관리도, 공정능력분석, 신뢰성분석 등 현장이나 사무분야 개선활동에서 통계처리가 필요할 때 활용할 수 있는 모든 기능을 갖고 있다.

미니탭 내에 사용할 수 있는 기능이 많을 뿐만 아니라 한 개의 기능에서도 다양한 선택을 할 수 있기 때문에 미니탭 활용방법을 습득할 필요가 있다. 미니탭을 올바로 제대로 활용하기 위해서는 서적을 탐독하거나 강의를 들을 필요가 있다. 국내 교육기관에서 미니탭 교육을 많이 실시하고 있기 때문에 한 번쯤 수강하기를 권한다. 미니탭의 주요기능을 간략하게 요약하면 〈표 5-8〉과 같다.

〈표 5-8〉 미니탭 주요기능

기 능	내 용
기초 통계	각종 통계량, 검·추정, 상관분석, 공분산분석, 카이제곱 검정 등
그래프분석	히스토그램, 파레토도, 산점도, 상자그림 등
다변량분석	주성분분석, 요인분석, 군집분석 등
신뢰도 및 생존분석	분포분석, 생존 데이터의 회귀분석, 수익분석 등
시계열 분석	추세분석, 추세예측 등
실험계획법	분산분석, 회귀분석, 요인실험, 혼합물실험, 반응표면분석, 다구찌방법 등
품질기법	공정능력분석, 각종 관리도, 특성요인도, Gage R&R, 정규성 검정, 검출력과 샘플크기 등

〈그림 5-9〉는 미니탭 프로그램을 구동시킨 후 통계학(Statistical) 메뉴를 클릭한 경우로, 6시그마활동에서 가장 많이 사용하는 메뉴이기도 하다. 여기서는 각종 기초통계량, 관리도, 파레토도, 공정능력분석, 게이지 R&R 분석 등 분임조에서 쉽게 활용할 수 있는 기능이 많이 있다.

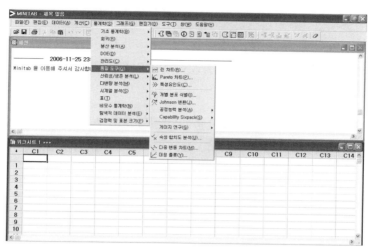

〈그림 5-9〉 미니탭 화면

14. 6시그마의 허와 실

6시그마는 미국 일리노이즈 샤움버그(schaumburg)에 있던 모
토로라(Motorola)에서 1987년 '삐삐' 제품 생산 시 품질향상을 기
하기 위하여 엔지니어이며 통계학자인 마이클 해리(Mikel Harry)
가 개발한 기법으로, 생산 품질목표를 3.4ppm(Parts Per Million),
즉 100만개 제품을 생산 시 3.4개 부적합만을 허용한다는 것이다.
그야말로 무결점(Zero Defects) 생산방식이다. 그리고 이를 실현
하기 위해 문제해결단계를 측정(Measure) → 분석(Analyze) →
개선(Improve) → 관리(Control) 등 4단계로 제시했다.

6시그마를 10년 동안 추진한 결과, 모토로라의 품질수준은 1997
년에는 5.6시그마(부적합품률 20ppm)에 이르렀고, 품질 실패비용
을 110억 달러 절감했다. 이로써 모토로라는 6시그마가 기업 품질
경영활동에 있어 획기적인 혁신활동이라는 것을 증명했고 이후 6
시그마는 품질혁신활동의 강력한 수단으로 자리 잡게 되었다.

이러한 성과가 가능했던 것은 6시그마 접근방법이 기존 품질경영활동과 비교해 많은 장점을 갖고 있기 때문이다. 기존 품질경영활동과 6시그마 품질경영활동과의 차이점을 비교하면 〈표 5-9〉와 같다.

〈표 5-9〉 6시그마 경영과 과거 품질경영활동 비교(NEC종합연구소 자료 참고)

구분	과거 품질경영활동	6시그마 경영
방침결정	하의상달	상의하달
목표설정	추상적이면서 정성적	구체적이면서 정량적
문제의식	겉으로 드러난 문제 중시	드러난 문제 및 잠재적 문제까지 포함
성공요인	감각과 경험	감각과 경험 및 객관적 데이터 분석 중시
개혁대상	문제점이 발생한 곳	모든 프로세스
적용범위	부분 최적화	전체 최적화
활동기간	제약이 없음	제약 있음(일반적으로 6개월 이내)
팀 멤 버	자발적 참여 중시	전임 요원 및 의무적 수행
교 육	자발적 참여 중시	체계적이고 의무적
기본수법	PDCA 4단계	MAIC 4단계
적용수법	QC 7가지 기법 및 통계적 기법	광범위한 기법 및 통계적 분석 방법
평가방법	노력 중시	가시화된 이익으로 평가

그런데 우리가 6시그마를 받아들일 때 한 가지 주의해야 할 것은 6시그마가 장점만 갖고 있는 것은 아니라는 것이다. 6시그마 단점에 대한 의견이 학자들 사이에서도 분분하지만 6시그마의 허(虛)를 간략하게 3가지 정도 제시해본다.

첫째는 ±1.5σ 공정평균 이동의 타당성이다. 이 값은 모토로라의 공정변동요소(4M)를 장기적으로 측정해서 내린 결론이기 때문에 모든 업종의 공정변동요소(4M)가 모토로라와 같다고 보기에는 무리가 있다. ±1.5σ보다 공정산포가 작은 회사도 있고 큰 회사도 있는데 이를 모두 획일적으로 ±1.5σ로 적용하기 때문에 이렇게 해서 나온 결과는 자사 제품의 정확한 품질수준을 나타낸다고 할 수 없다.

둘째는 부품과 조립완제품에 모두 적용하는 문제이다. 조립완 제품은 부품을 여러 개 조립함으로써 목적하는 기능을 발휘하게 된다. 따라서 조립하는 개개의 부품이 6시그마 수준의 품질을 유지한다고 하더라도 실제로 이들을 조립하면 6시그마 품질이 달성되지 않는다. 자동차와 같이 3만여 개의 부품이 조립되어 완성품이 되는 경우, 완성차가 6시그마 품질수준을 달성하기 위해서는 개개 부품의 품질수준이 12시그마 이상의 품질을 유지해야 할지도 모른다.

셋째는 6시그마가 만능열쇠인가라는 것이다. 한국 기업들의 품질관리활동은 유행을 많이 따르는 편이다. 기본에 충실하기보다는 새로운 기업이 마치 회사의 모든 문제를 저절로 해결해주는 요술열쇠로 인식하는 사람들이 많다. 이처럼 우매한 생각은 없다. 6시그마는 과거에 이미 개발된 통계적 품질관리기법을 종합한 것이지 절대로 완전히 새로 탄생한 특별한 기법이 아니라는 것을 인식해야 한다.

결론적으로 6시그마를 통해 기업의 실질적 성과를 얻고자 한다면 이를 도입하려는 기업 관계자들이 6시그마의 허와 실을 확실하게 이해하고 적용하는 것이 무엇보다 중요하다. 이런 인식을 갖고 6시그마를 적용하면 이전보다 향상된 품질수준을 유지하는 데 6시그마가 큰 역할을 해줄 것이 확실하다.

② 가치공학(VE)

1. 가치공학 개요 및 추진단계

　가치공학(VE : Value Engineering)은 1947년 미국 GE사의 구매부장이었던 Lawrence. D. Miles가 개발한 기법이다. 그는 당시 도장공정에서 사용하고 있는 불연성 석면(Asbestos)을 구입하기 위해 전문업자와 상담을 했다. 이때 그는 "무엇 때문에 석면이 필요하냐?"라는 질문을 받았다. 그래서 그는 "연소를 방지하기 위해서"라고 대답했다. 그러자 전문업자는 "그러면 대체재질이 있는데 그것은 값도 싸고, 연소도 방지할 수 있다"는 대답을 해주었다. 그런데 당시 GE는 소방법 때문에 석면 이외에는 다른 대체재질을 사용할 수가 없었다. 하지만 Lawrence. D. Miles는 소방당국에 여러 가지 자료를 제시하면서 설득, 끝내는 대체재질을 사용할 수 있는 허가를 받았다. 그는 '석면'이라는 '사물'이 중요한 게 아니라 '연소방지'라는 '기능'이 중요하기 때문에 소방법이 잘못됐다는 것을 증명한 것이다. 이것이 가치공학이 탄생하게 된 시초이다. 즉, 모든 것을 기능위주 사고로 판단하는 것이 가치공학의 핵심인 것이다. 가치공학을 추진하기 위한 단계를 제시하면 〈그림 5-10〉과 같다.

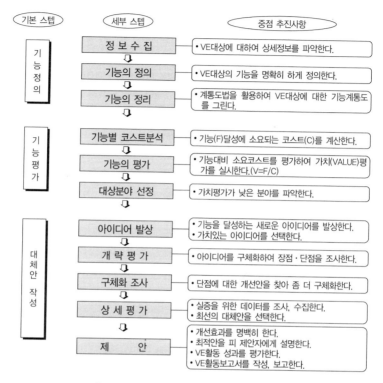

〈그림 5-10〉 가치공학 추진단계

2. 가치지수(V)

개선활동이라고 하면 무조건 원가절감을 해야 한다는 인식이 팽배해 있는데 개선(改善)는 '어떤 대상의 부족한 점이나 잘못된 점을 고쳐 더 낫거나 좋게 하는 것'이다. 더 좋게 하는 것은 반드시 원가절감만 의미하는 것은 아니다. 만약 개선을 원가절감으로만 본다면 교육훈련 강화나 R&D 투자 확대, 검사 강화 등의 활동은 추진될 수가 없다. 원가절감이 회사 경영이익 향상에 직접적이고 가시적인 영향을 주기 때문에 많은 장점이 있지만 이것이 개선활동의 전부라고 생각하면 제대로된 개선을 할 수가 없다.

　GE사의 구매부장이었던 Lawrence. D. Miles가 창안한 가치공학(VE) 기법은 제품의 기능을 개선하는 방법으로 기능 개선으로 가격이 향상되어도 가격 향상 이상으로 기능이 개선된다면 개선을 진행하는 것이 낫다는 사고방식을 갖고 개선을 실시하는 것이다. 즉, 제품의 가치지수(V : Value)를 산출하고, 이를 높이는 모든 활동을 개선활동으로 보는 것이다. 가치지수(V) 산출공식은 〈표 5-10〉과 같다.

〈표 5-10〉 가치지수 산출식

$$V = \frac{F \; (\text{Function})}{C \; (\text{Cost})}$$

　가치지수를 높이는 방법은 여러 가지가 있다. 〈표 5-11〉을 보면, 가격(Cost)이 상승해도 가치가 상승하는 것으로 인정하고 있음을 알 수 있다. 즉, 원가가 상승해도 그 이상 기능이 좋아져 가치가 오르는 것은 좋은 개선활동이라고 보는 것이다.

〈표 5-11〉 가치지수 향상방법

$$V(\uparrow) = \frac{\nearrow}{\swarrow} = \frac{\nearrow}{\rightarrow} = \frac{\rightarrow}{\rightarrow} = \frac{\rightarrow}{\searrow} = (\text{O})$$

　반대로 〈표 5-12〉를 보면, 원가는 절감되었으나 기능 역시도 하락되어 가치가 오르는 것은 가치공학으로 인정하고 있지 않다. 즉, 가치공학은 기능이 하락되는 것은 인정할 수 없다는 철학을 갖고 있다.

〈표 5-12〉 가치공학에 해당되지 않는 산출식

$$V(↑) = \quad\quad\quad (X)$$

* 가치지수(V)는 올라갔으나 기능이 하락했기 때문에 가치공학 활동에서 제외

개선활동을 하는 데 있어 비용이 너무 많이 든다고 고민하지 말자. 비용이 상승해도 기능이 비용을 상쇄할 만큼 향상되면 결과적으로 회사 매출액 향상에 기여할 수 있는 것이다.

3. VE · IE · QC기법 비교

〈표 5-13〉 VE · IE · QC기법 비교

구분	시기	공통점	개 별 특 징	대표적 기법 (TOOL)
VE	1947년	사람, 재료, 시간, 공간, 토지건물. 설비 등의 모든 자원을 효과적으로 활용	제품이나 제조방법의 개선을 위해 그것들의 기능과 비용을 분석하여 가치(Value)를 높인다.	기능분석
IE	1911년		제조방법을 개선하기 위해 작업분석이나 시간을 측정하여 능률을 높인다.	작업연구
QC	1924년		품질유지와 향상을 위해 품질기준 설정이나 분석, 측정을 실시해 품질을 관리한다.	QC 7가지 기법

③ 산업공학(IE)

산업공학(IE : Industrial Engineering)은 미국의 테일러(Frederick Winslow Taylor 1856~1915)와 길브레스(Frank B. Gilbreth, 1868~1924)에 의해 탄생된 학문이다. 테일러는 남북전쟁 5년 전에 필라델피아 주 쟈만타운에서 태어났다. 그는 하버드대학 법과에 합격했으나 안질(眼疾)로 입학을 단념하고 진로를 바꾸어 산업계에 나섰다.

18세에 펌프공장에 입사했다 22세에 미드베일 제강소로 옮겨 공원부터 출발해 6년 만에 지사장으로 승진했다. 테일러의 유명한 금속절삭연구와 고속도강 발명은 이곳에서 이뤄졌으며, 이곳에서 후에 생산의 과학적 관리로 발전한 사고방식의 기초를 쌓았다. 과학적 연구에 의한 생산량 증가 이론을 정리한 것이 산업공학의 시초가 되었다.

이를 좀 더 발전시킨 사람이 길브레스이며, 그는 동작연구이론을 주창했다. 길브레스는 1868년 미국 에인주 페어필드에서 태어났으며, 그의 전기는 우리나라에도 여러 번 소개되었다. 그는 어렸을 때 아버지를 여의었기 때문에 홀어머니 밑에서 가난하게 자랐다. 그는 건축기사가 되고 싶었지만 가난 때문에 학업을 포기하고 17세 때부터 공사현장에서 일하기 시작했다. 이후 1990년대 초에 독립해 건축회사를 경영했다.

　건축회사에서 일하면서 길브레스는 작업자들이 제각기 독자적인 방법으로 작업을 하고 있으며, 같은 방법으로 일하는 사람이 하나도 없다는 사실을 발견했다. 그리고 한 명의 작업자조차 언제나 같은 동작으로 일하는 것이 아니라는 사실을 알게 되었다. 예를 들면, 빨리 할 때와 늦게 할 때의 시간이 달랐으며, 다른 사람에게 작업내용을 가르치는 방법도 달랐다. 그래서 길브레스는 최선의 작업방법을 발견하기 위해 조사를 시작했으며, 그 결과는 괄목할 만한 것이었다.

　길브레스 덕분에 그때까지 1개의 벽돌을 쌓는 데 필요하던 18개 동작이 5개 동작만으로도 충분하게 되었다. 그는 건축사업 대신 동작연구에 집중했고, 이로 인해 산업공학을 실용화하는 데 큰 기여를 하게 되었다. 산업공학에 포함되는 주요 활동영역을 간략하게 소개하면 〈그림 5-11〉과 같다. 〈그림 5-11〉 이외에도 라인 밸런싱(Line Balancing), 오퍼레이션 리서치(Operation Research), PERT, CAD/CAM, 인간공학(Human Engineering) 등의 광대한 이론들이 개발되어 있다.

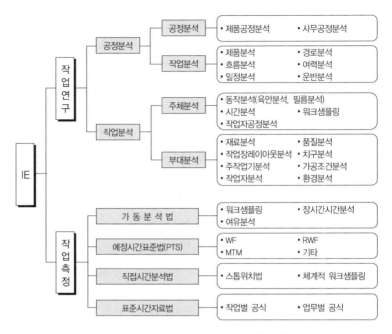

〈그림 5-11〉 산업공학(IE) 활동영역

4 품질비용(Q-COST)

　　품질비용은 회사의 품질관리활동 효과에 대한 경제성 측면을 평가하기 위한 방법이다. 기업은 품질비용을 평가함으로써 품질개선활동에 대한 동기를 부여하고, 이와 관련된 개인과 조직에게 문제해결을 위한 효율적 해결방안을 모색하게 하여 품질향상과 원가절감을 달성하고 있다. 품질비용은 〈그림 5-12〉와 〈표 5-14〉와 같이 구분할 수 있으며, 예방비용(P-COST), 평가비용(A-COST), 실패비용(F-COST) 등의 적정비율은 학자, 업종, 시대변천 등에 따라 다른데 일반적으로는 〈표 5-15〉에 제시된 방법을 많이 활용하고 있다.

〈표 5-14〉 품질비용(Quality Cost) 구성

비용 구분	내 용
예방비용(P-COST)	부적합을 사전에 예방하는데 투입되는 비용
평가비용(A-COST)	제품의 품질을 일정수준으로 유지하는데 드는 비용
실패비용(F-COST)	부적합발생으로 인하여 발생된 (손실) 비용

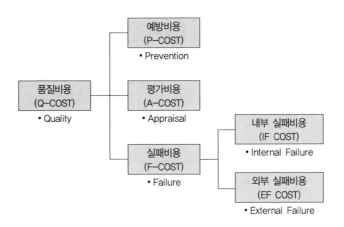

〈그림 5-12〉품질비용 구분

〈표 5-15〉품질비용 적정비율

구 분	매출액	제조원가	구성비율		
			P-COST	A-COST	F-COST
A. V. Feigenbaum	–	6~7%	15 %	25%	60%
E. G. Kirkpatrick	–	6~7%	10%	25%	50~75%
P. B. Crosby	2.5 %	–	–	–	–

　품질비용 산출방식은 업종마다 다소 차이가 있을 수 있다. 한 회사의 산출사례를 〈표 5-16〉, 〈표 5-17〉, 〈표 5-18〉, 〈표 5-19〉에 제시하니 참고하여 각 회사 실정에 맞게 조정하여 활용하는 것이 바람직하다.

〈표 5-16〉 예방비용 산출항목

대분류	중분류	소분류	세분류	산출항목	산출방법	산출부서
예방 비용 (P- COST)	품질경영 기획비	품질경영 추진비	품질관리 인건비	품질관리 사무인원 인건비	사무인원 총임금	품질관리부
			품질 보증경비	품질관리부 운영 소요경비	예산 실사용 경비	품질관리부
	품질경영 교육비	사내외 교육비	교육 참가자 인건비	품질경영 관련 사내외 교육참가자 인건비	참여인원 시급/ 시간	총무부
			사내교육 가사료	지급강사료	예산 실사용 경비	총무부
			Q.C 교육비	Q.C 교육출장비	일규정금액/출장 일수/출장인원	총무부
	품질경영 활동비	소집단 활동비	소집단 (T.F.T) 지원경비	T.F.T 지원경비 및 대회/캠페인 경비, 포상금	예산 실사용 경비	총무부
		제안 활동비	제안활동 지원 포상금	제안활동 지원비 및 포상금	예산 실사용 경비	생산관리부
		행사비	행사지원 비용 및 보상금	대회/캠페인 경비, 지원금 및 포상금	예산 실사용 경비	해당부서
	품질경영 기술비	도서비	도서구입 및 발행비	품질경영 관련도서, 양식, 서식 구입 및 발행비	예산 실사용 경비	총무부
		기술 지도비	컨설팅비	QM, ISO 9001 사외기관 사후관리비	품의 실사용 경비	품질관리부
	기타 예방비용			상기 항목에 포함되지 않는 예방비용	실사용 경비	

〈표 5-17〉 평가비용 산출항목

대분류	중분류	소분류	세분류	산출항목	산출방법	산출부서
평가 비용 (A- COST)	품질 검사비	입고 검사비	입고 검사원 인건비	입고검사원 인건비	검사원 총임금	품질관리부
			입고검사 경비	입고검사 소요 제반 경비	예산 실사용 경비	품질관리부
		공정 및 제품 검사비	공정 및 제품 검사원 인건비	공정 및 (신)제품 검사원 인건비	검사원 직급별 총임금	생산부
			공정 및 제품검사 경비	공정 및 (신)제품 소요 제반 경비	예산 실사용 경비	생산부
		순회 검사비	QC, 점포 QA 인건비	QC, 점포 QA 인건비	직급별 QC, 점포 QA 총임금	품질관리부
				QC, 점포 QA 활동비	규정금액/인원수	품질관리부
		계측기 및 장비 유지비	계측비 및 장비 유지비	검사계측기 및 장비 검·교정, 수선유지	예산 실사용 경비	생산관리부
				검사계측기 및 장비 감가상각비	예산 실사용 경비	생산관리부
	품질 인증비	규격획득 및 유지비	규격획득 및 유지비	ISO 등 규격획득 및 유지비 QM 추진 및 유지비	품의 실사용 경비	품질관리부
	기타 평가비용			상기 항목에 포함되지 않는 평가비용	실사용 경비	

표 5-18 실패비용(내부) 산출항목

대분류	중분류	소분류	세분류	산출항목	산출방법	산출부서
실패비용 (F-COST)	내부 실패비용	부산물	부산물	파빵 발생량	손실재료비	생산부
				파생지 발생량	손실재료비	생산부
				폐기 원/자재 발생량	손실재료비	생산부
		재작업	재작업	재작업 인원 인건비	재작업 인원 인건비/시간	생산관리부
				재작업에 따른 제반 소모경비	재작업 시간/시간당 고정비	생산관리부
				재작업 투입 원료금액	제조원가/배합건수	생산관리부
			재고검사	장기재고품 매월실사 및 재검사 인건비	재고검사자 직급별 인건비	자재과
		유실비	설비가동 중단 인건비	작업자 조업중단시간	직급별 시급/중단시간/인원수	생산관리부
			설비가동 중단시간	조업, 기계, 전기원인 고장가동 정지시간	정지시간/시간당 고정비	생산관리부
			과중량	관리중량 초과 과중량	Σ(품목별 중량-관리중량)/원가	품질관리부
		납기	미출금액	일별 미출 발생금액	Σ품목별 미출수량/공장도금액	물류관리부
		폐기비용	원료 폐기비용	수입원료 폐기 손실비용	Σ해외수입원, 재료비(유통기간 경과)	자재부
	기타 실패비용			상기 항목에 포함되지 않는 실패비용	실사용 경비	

〈표 5-19〉 실패비용(외부) 산출항목

대분류	중분류	소분류	세분류	산출항목	산출방법	산출부서
실패 비용 (F- COST)	외부 실패 비용	Claim비	소비자 클레임 처리 제반비용	금액보상비 (현금/쿠폰)	Σ영수증처리금액 +Σ쿠폰처리금액	품질관리부
			소비자 클레임 제품 손실비용	제품교환 또는 보상비용	Σ소비자 제품보상 금액	품질관리부
			점포 클레임 처리비용	점포협조전 처리비용	Σ제품보상금액	품질관리부
			통신비	우편요금 및 전화요금	Σ쿠폰발송 우편료 +ΣC.S tel송수신료	품질관리부
				거래업체 원인으로 인한 손실비	ΣOEM 제, 상품 클레임 처리비용	품질관리부
		반 품	–	점포 반품 인정 처리비	Σ반품인정비용	물류관리부
		미 출	–	매출 손실비	Σ미출수량 X item별-제조원가	물류관리부
		점포 클레임	–	클레임 손실비	Σ클레임 수량 X item별-공장도가	물류관리부
				생지부적합 손실비	Σ생지부적합 수량 X item별-제조원가	물류관리부
				파손 손실비	Σ파손 수량 X item별-제조원가	물류관리부
				출하 착오비	Σ분실 수량 X item별-제조원가	물류관리부
		기타 실패비용		상기 항목에 포함되지 않는 실패비용	실사용 경비	

⑤ 고장모드영향분석(FMEA)

고장모드영향분석(FMEA : Failure Mode and Effect Analysis)은 설계와 공정의 잠재적 결점을 브레인스토밍을 통해 찾아낸 후 그에 대한 영향을 분석하는 기법이다. FMEA 실시방법은 크게 설계 FMEA와 공정 FMEA, 2가지로 구분할 수 있다. 각각의 차이는 〈표 5-20〉과 같다.

〈표 5-20〉 FMEA 구분

구 분	실시방법
설계 FMEA	설계단계에서 제품고장과 관련된 해석을 실시하는데 이때 과거 유사 설계자료나 고장 보고서를 준비해 우선 시스템을 구성하는 모든 부품을 찾아내고, 이 부품들의 고장모드가 다른 부품과 시스템에 미치는 영향과 원인을 하명상달(bottom up) 방식으로 조사하는 방법이다.
공정 FMEA	제조공정단계에서 공정의 고장원인을 해석하는데 과거 유사 공정부적합발생 자료나 고장 보고서 등을 준비해 우선 시스템을 구성하는 모든 공정을 찾아내고, 한 공정에서의 고장모드가 다른 부품과 시스템에 미치는 영향과 고장원인을 하명상달(bottom up) 방식으로 조사하는 방법이다.

FMEA의 실시시기는 4가지 정도로 구분할 수 있는데, ① 파일럿(Pilot) 이전 단계 ② 설계변경 시 ③ 생산 이후 단계에서 고장

발생 시 ④ 제품의 라이프 사이클(life cycle) 동안 등이다. FMEA 는 지속적으로 갱신(up-date)해야 한다.

실시는 설계담당자 외에도 품질관리(QC), 생산기술, 제조, 자재, 서비스, 영업 등 폭넓은 경험을 가진 여러 명의 구성원들이 한 팀을 구성하여 실시하는 것이 바람직하며 다음과 같은 순서로 실시한다.

1) FMEA 양식 준비

FMEA에 사용되는 양식은 다음과 같다.

설계 FMEA				OF	결재	작성	검토	검토	승인

시스템명		작성일자	
서브시스템명		작성자	
작성팀원			

〈FMEA분석〉

부품명	기능	고장MODE	고장영향	고장요인	개선전 평가				대책안	개선후 평가			
					중요도	발생도	검출도	RPN		중요도	발생도	검출도	RPN

공정 FMEA				OF		결재	작성	검토	검토	승인
시스템명						작성일자				
서브시스템명						작성자				
작성팀원										

〈FMEA분석〉

공정명	기능	고장MODE	고장영향	고장요인	개선전 평가				대책안	개선후 평가			
					중요도	발생도	검출도	RPN		중요도	발생도	검출도	RPN

2) 기본내용 작성

시스템명칭, 하위 시스템 명칭, 부품명칭(공정명칭), 부품기능(공정기능) 등을 작성한다.

3) 고장모드 작성

전형적인 고장모드(형태)와 관련된 표현은 다음과 같다.

① 균열 ② 끈적거림 ③ 변형 ④ 단락 ⑤ 녹 ⑥ 누수 ⑦ 감전 ⑧ 전원공급 안 됨 ⑨ 접촉부적합 ⑩ 마모 ⑪ 과열 ⑫ BURR 등

4) 고장영향 작성

잠재적 고장의 영향(POTENTIAL EFFECTS OF FAILURE)은

다음과 같다.

① 제품작동 불가 ② 불규칙 작동 ③ 일부기능 작동불가 ④ 외관 부적합 ⑤ 미가공 ⑥ 미성형 ⑦ 소음발생 ⑧ 파손 등

5) 고장요인 작성

개개인들의 이론적 지식이나 과거의 고장경험을 근거로 고장이 발생되는 요인을 색출한다. 참가 팀원은 해당 제품에 대한 경력이 충분한 사람이어야 한다.

6) 고장평점 작성

고장평점은 일반적으로 중요도(치명도 : Severity), 발생도(Occurrence), 검출도(검지도 : Detection) 등 3가지에 대하여 통상 1~10단계로 구분하여 점수를 매긴다.

(1) 중요도(Severity)

잠재적 고장형태가 고객에게 미치는 영향의 심각성 정도를 평가하는 것으로 자동차에 대한 사례를 기준으로 설명하면 〈표 5-21〉과 같다.

〈표 5-21〉 중요도 평가기준(자동차의 경우)

결과	고장영향의 심각성	평점
경고 없는 위험	잠재적 고장형태가 안전한 자동차 운행에 경고 없이 정부규제를 벗어났을 때로 매우 높은 심각한 수준	10
경고 있는 위험	잠재적 고장형태가 안전한 자동차 운행에 경고를 하면서 정부규제를 벗어났을 때로 심각한 수준	9
매우 높음	근본적인 기능을 상실하면서 자동차/품목이 작동불가	8
높음	자동차/품목이 작동하지만 수행능력 수준저하 (고객 불만족)	7
보통	자동차/품목이 작동하지만 몇 가지 품목이 작동불능(고객이 경험한 불만족)	6

낮음	자동차/품목이 작동하지만 몇 가지 품목의 작동능력이 수행능력 수준에 미달(고객이 경험한 다소 불만족)	5
매우 낮음	맞춤 및 끝마무리, 삐거덕거림, 덜거덕거림 등 품목이 적당치 않음(대부분 고객에 의해 감지 가능)	4
사소함	맞춤 및 끝마무리, 삐거덕거림, 덜거덕거림 등 품목이 적당치 않음(몇몇의 고객에 의해 감지 가능)	3
매우 사소함	맞춤 및 끝마무리, 삐거덕거림, 덜거덕거림 등 품목이 적당치 않음(고객의 식별로 감지 가능)	2
없음	영향 없음	1

(2) 발생도(Occurrence)

고장이 발생할 가능성 정도로 〈표 5-22〉와 같다.

〈표 5-22〉 발생도 평가기준

결과	고장의 정도	고장확률	C_{Pk}	평점
매우 높음	고장이 거의 불가피하다.	1/2	0.33	10
		1/3	0.33	9
높음	고장발생이 잦았던 이전 공정과 유사한 공정이 일반적으로 결합되어 있다.	1/8	0.51	8
		1/20	0.67	7
보통	간헐적인으로 고장이 발생했던 이전 공정과 유사한 공정이 일반적으로 결합되어 있다. 중요한 정도는 아님	1/80	0.83	6
		1/400	1.0	5
낮음	유사 공정과 연관된 독립적 고장	1/2,000	1.17	4
		1/15,000	1.33	3
희박함	고장은 거의 없다. 동일공정과 연관된 고장은 결코 없음	1/150,000	1.5	2
		1/1,500,000	1.67	1

(3) 검출도(검지도 : Detection)

출하 전 고장을 발견할 가능성으로 〈표 5-23〉과 같다.

〈표 5-23〉 검출도 평가기준

결과	고장이 발견될 가능성	평점
거의 불가능	고장형태를 발견하기 위해 사용할 수 있는 관리방법이 알려져 있지 않다.	10
높은 희박성	현재의 관리방법으로 고장형태를 발견할 가능성이 매우 멀다.	9
희박성	현재의 관리방법으로 고장형태를 발견할 가능성이 멀다.	8
매우 낮음	현재의 관리방법으로 고장형태를 발견할 가능성이 약간 있다.	7
낮음	현재의 관리방법으로 고장형태를 발견할 가능성이 있다.	6
보통	현재의 관리방법으로 고장형태를 발견할 가능성이 보통이다.	5
보편적으로 높음	현재의 관리방법으로 고장형태를 발견할 가능성이 높은 편이다.	4
높음	현재의 관리방법으로 고장형태를 발견할 가능성이 높다.	3
매우 높음	현재의 관리방법으로 고장형태를 발견할 가능성이 매우 높다.	2
거의 확실	현재의 관리방법으로 고장형태를 발견할 가능성이 거의 확실하다. 믿을만한 발견관리가 유사 공정과 함께 알려져 있다.	1

7) 위험순위도(Risk Priority Number : RPN) 작성

(1) RPN = 치명도(Severity) × 발생도(Occurrence) × 검출도 (Detection)

(2) RPN 값은 1~1,000 사이에 있으며, 값이 높을수록 시정조치를 통하여 RPN 값을 내린다. 이때는 팀 중심으로 RPN 값을 내리도록 노력한다(통상 RPN 값이 100 이상인 경우 조치가 필요).

(3) 일반적으로 RPN 값에 상관없이 중요도(치명도) 수치가 높을 경우(8 이상)에는 RPN 값에 관계없이 개선대책을 실시하는 것이 바람직하다.

8) 개선 후 위험순위도(RPN) 평가

개선조치 후의 중요도, 발생도, 검출도를 파악·평가해 기록한다. 기록한 결과, 만일 개선조치가 이뤄지지 않은 부분이 있으면 RPN 값을 평가하지 말고 공란으로 남겨 놓는다.

6 TPM & TPS

1. TPM 개요

전사적 생산보전운동인 TPM(Total Productive Maintenance)은 설비보전 업무가 보전부서만의 고유업무라는 고정관념을 깨고, 전 종업원이 설비보전업무에 참가해 설비고장 제로, 부적합 제로, 재해 제로를 추구한다. 이 활동을 통해 궁극적으로 기업 체질을 변화시키는 기업 혁신활동이 바로 TPM이다.

TPM은 1969년 일본 도요타의 자회사인 닛본덴소에서 처음 시작되었다. 닛본덴소에서의 성과가 산업계에 알려지면서 일본플랜트메인트넌스협회(JIPM)에서 이를 체계화해 TPM 운동으로 발전시켰다. 1971년부터 일본에 본격적으로 보급되기 시작했고 1974년에 일본 TPM상이 제정되었다. TPM 활동은 기업의 품질과 생산성 향상, 원가절감에 혁혁한 성과를 올리면서 전 산업분야로 확대되었다.

일본 TPM 활동의 기초가 된 것은 1950~60년대 유행했던 미국의 예방보전(PM : Preventive Maintenance) 활동이다. 이때의 예방보전 활동은 설비관리 전문가들의 전문영역으로 국한되어 진행되었기 때문에 확산범위가 극히 제한적이었다. 그런데 일본이 이를 전사적 범위로 확장시켜 다시 미국으로 역수입했다. 포드자동차와 코닥 등 미국의 많은 기업이 일본의 TPM 활동을 도입했으며, 더 나아가 스웨덴 볼보 등 유럽으로도 확산, 전 세계 23개국에서 TPM 활동이 활발히 전개되었다.

TPM 활동은 1987년, 한국표준협회가 일본플랜트메인트넌스협회로부터 TPM 기법을 전수받아 국내 업체들에게 교육하면서부터 국내에 소개되었다. 2년 뒤인 1989년, 현대자동차, 삼성전자 반도체 부문, 동서식품 등 3개 업체가 사업장에 TPM을 본격적으로 도입하면서 국내 기업들의 TPM 혁신활동이 시작되었다. 이후 TPM 추진 기업들의 성과가 입증되기 시작하면서 1990년대 중반부터 급속도로 확산돼 현재는 대부분의 기업들이 TPM 혁신활동을 추진하고 있다. 특히 설비 의존도가 높은 장치산업과 조립, 가공산업 분야에서 TPM 활동이 각광받고 있다. 그리고 초기에는 대기업과 그 협력업체 중심으로 진행되다 이제는 중소기업에도 많이 확산되어 있다.

TPM 활동은 다음 8가지 활동을 중심으로 전개된다. 첫째는 자주보전활동이다. 과거 설비보전업무를 하지 않던 생산부문에서도 요새는 설비보전활동을 하는 추세이다. 두 번째는 개별개선활동이다. 이는 설비의 불합리나 만성적인 손실(로스, loss)을 방지하는 활동이다. 셋째는 계획보전활동이다. 이는 설비진단기술 등을 이용해 설비고장을 사전에 방지하는 활동이다. 넷째는 품질보전활동이다. 설비가 품질을 좌우한다는 인식하에 설비보전단계에서부터 품질을 높이는 활동이다. 다섯째는 설비초기관리활동이다. 설비의 설계에서 폐기까지, 설비의 일생을 가장 경제적인 비용으로 관리하는 활동이다. 여섯째는 사무간접부문활동이다. 설비를 다루지 않는 사무간접부문으로까지 TPM 활동을 확대해 실시하는 활동이다. 일곱째는 설비와 플랜트의 안전과 환경보전을 높이는 활동이다. 여덟째는 직원들이 TPM 활동을 효율적으로 추진할 수 있도록 지속적인 교육훈련을 실시하는 활동이다. TPM 활동 기법 변화는

〈표 5-24〉와 같다.

〈표 5-24〉TPM 발전과정

사후보전(BM : Breakdown Maintenance)

↓

예방보전(PM : Preventive Maintenance)

↓

개량보전(CM : Corrective Maintenance)

↓

보전예방(MP : Maintenance Prevention)

↓

생산보전(PM : Productive Maintenance)

↓

전원참여 PM(TPM : Total Productive Maintenance)

2. 5S활동

5S활동의 목적은 품질(Quality), 원가(Cost), 납기(Delivery), 안전(Safety), 사기(Morale), 생산성(Productivity)을 향상시키는 것이다. 이를 위해 정리, 정돈, 청소, 청결, 습관화 등 5가지 사항을 중점적으로 실천한다. 5가지 실천사항의 정의는 다음과 같다.

1) 정리(整理) : 필요한 것과 불필요한 것을 구분하여 불필요한 것은 버리는 것

2) **정돈**(整頓) : 필요한 것은 언제나 쉽게 찾아 볼 수 있도록 위치를 정하는 것

3) **청소**(淸掃) : 더러움이 없는 상태로 깨끗하게 하는 것

4) **청결**(淸潔) : 정리 ,정돈, 청소 상태를 지속적으로 유지하는 것

5) **습관화**(習慣化) : 정해진 것(Rule)을 지키는 것

5가지 실천사항의 활동효과는 〈표 5-25〉와 같다.

〈표 5-25〉 5S 활동효과

구분	활동내용	활동효과	목적	궁극적 목표
정리	면책구역을 정하고 장기간 사용하지 않았던 불필요한 물품을 모은다.	– 재고감축 – 공간낭비 배제 – 물자낭비 배제	효율 높은 직장 만들기	전 부문의 손실 제로 (LOSS ZERO) 달성
정돈	자재, 공구, 계측기 등의 정위치를 정하고, 사용 후에는 반드시 제자리에 갖다 놓는다.	– 찾는 시간 단축 (손실시간 감소) – 준비시간 단축 – 물품분실 방지		
청소	담당자(부서) 단위로 구역(5S MAP)을 정하여 정기적으로 청소를 실시한다.	– 작업환경을 개선 – 설비고장의 감소 (가동률 향상)	깨끗한 직장 만들기	
청결	정리, 정돈, 청소와 관련한 체크리스트를 작성하여 주기적으로 점검을 실시한다.	– 깨끗한 작업장 유지 – 안전, 보건위생(재해 발생요인 근절)		
습관화	5S 활동과 관련된 모든 사항을 자주적으로 실행한다.	– 결정사항 준수(사규, 규칙, 회의결과) – 명랑한 회사 생활	보람 있는 직장 만들기	

3. 가용도와 MTBF

설비관리활동의 일환인 TPM은 현장에 설치된 생산설비들의 보전성(保全性 : Maintainability)을 높여 설비가 고장 없이 가동되도록 하는, 예방보전(PM : Preventive Maintenance)을 지속적으로 실시하는 것이다. 이를 위해 보전성 척도로 설비고장발생 시 규정된 시간 내에 설비수리를 완료하는 비율인 보전도(保全度)라는 지표를 사용한다.

고장간격을 의미하는 MTBF(Mean Time Between Failure)는 일정기간 동안 설비를 사용할 때 고장이 발생되기까지의 평균시간으로 업타임(Up-Time)이라고도 한다. MTBF가 100시간이라는 것은 이 설비를 평균 100시간 가동시키면 1회 정도 고장이 발생한다는 의미이다. MTBF와 비슷한 용어로 MTTF(Mean Time To Failure)가 있는데 MTBF와의 차이는 〈표 5-26〉과 같이 간략하게 정리할 수 있다.

〈표 5-26〉 MTBF와 MTTF의 차이

구분	MTBF	MTTF
의미	제품(설비)을 사용할 때 고장이 발생할 때까지의 평균 시간(기간)	
적용제품(설비)	수리계(修理系) 제품에 사용	비수리계(非修理系) 제품에 사용
고장발생 시	수리하여 계속 사용	폐기
예시	수리가능한 대부분의 제품	1회용 제품이나 소모품

TV나 자동차처럼 고장발생 시 수리하여 계속 사용하는 제품일 때는 MTBF 지수를 사용하고, 형광등이나 전구처럼 한 번 고장 나면 버리는 제품일 때는 MTTF 지수를 사용한다.

가용도(可用度:Availability)는 내구성(MTBF)과 보전성(MTTR)을 종합한 지표로, 설비가 얼마나 유효하게 가동하는가를 나타내는 것이다. 이와 관련된 지표를 유효율 또는 가동률이라고 한다.

가용도를 산출하기 위해서는 설비고장 발생 시 수리하는 데 필요한 평균수리시간인 MTTR(Mean Time To Repair)을 알아야 한다. 이는 수리계(修理系) 제품(설비)을 사용할 때 고장이 발생한 경우, 설비를 복구할 때까지의 평균수리시간을 나타내는 지표로 다운타임(Down-Time)이라고도 한다. 가용도 산출식은 다음과 같다.

$$가용도(A) = \frac{MTBF}{MTBF + MTTR} \times 100(\%)$$

예를 들어, 어떤 설비의 평균고장간격이 850시간, 평균수리시간이 15시간이라면 이 설비의 가용도(可用度:Availability)는 다음과 같다.

$$A = \frac{850}{850 + 15} \times 100 = 98.3\%$$

4. 자주보전 7단계 추진방법

자주보전은 TPM(Total Productive Maintenance) 활동 중 핵심적인 부분이다. 자주보전은 기본적으로 전 사원의 참여를 전제로 하며, 활동을 통해 다음의 효과를 달성하고자 한다.

첫째는 생산 시스템의 효율적 관리이다. 이를 위해 깨끗하고 사용하기 좋고 보기 좋은 현장을 구현하는 현장유지관리활동, 고장 제로·제해 제로·부적합 제로를 위한 설비관리활동, 생산현장의 문제점을 파악해 분석하고 개선하는 생산관련지표활동 등을 실시한다. 둘째는 공장 내 각종 손실(로스)을 제거하고 개선하는 것이다. 생산계획수립(Plan)에서부터 생산작업실시(Do), 관리지표분석

(Check), 문제개선(Action)까지, PDCA 사이클을 돌려 공장 내 모든 손실을 개선한다. 셋째는 사원들의 능력향상이다. 직무능력, 생산 시스템 유지관리 능력, 개선능력 등을 향상시키는 것이다.

자주보전활동의 각 단계별 주요 추진내용과 관련 양식을 〈표 5-27〉에 간략하게 정리하니 참고하기 바란다.

〈표 5-27〉 자주보전 7단계 추진방법

단계	단계명	주요 추진내용	사용양식	비고
0	5행(5S)활동	- 정리 - 정돈 - 청소 - 청결 - 습관화	• 불용불급품 정리대장 • 담당구역 청소계획표 • 정점 촬영시트 • 눈으로 보는 관리항목 조사표	면책구역 설정 및 운영기준 필요
1	초기청소	- 정점촬영 - 청소계획수립 - 청소실시 - 청소 임시기준 설정 - 연간/월간 설비관리 계획서 작성	• 청소항목 조사표 • 설비청소 계획서 • 눈으로 보는 관리항목 조사표 • 불합리 적출 리스트 • 고장발생 추이 그래프	설비구조 이해 및 청소방법 교육 필요
2	발생원 및 곤란개소 대책	- 발생원조사 - 발생원대책실시 - 곤란개소조사 - 곤란개소대책실시 - 정점촬영	• 발생원 지도 시트 • 발생부위 조사 및 대책표 • 곤란개소 조사 및 대책표 • 원인분석 시트 • 개선대책 시트	발생원 및 곤란개소 대책 추진 매뉴얼 작성
3	청소. 점검. 급유 기준서 작성	- 설비교육(One Point Lesson) - 청소, 점검, 정비 기준서 작성 - 윤활교육 - 급유 기준서 작성 - 설비관리 기준서 종합 정리	• OO설비 고장로스 저감 대책서 • 고장 이력시트 원인 분석 및 개선대책 시트 • 윤활 관리현황 조사표 • 윤활유 호환 유종표 • 설비관리 기준서	설비관리 기준서(청소, 점검, 정비, 급유기준 설정)
4	기기(설비) 총점검	- 총점검 대상설비 선정 - 총점검 방법 교육실시 - 불합리 조치 - 설비관리 기준서 보완	• 자주보전 안내 시트 • 원 포인트 레슨 시트 • 설비현황 조사 일람표 • 설비 총점검 체크시트	

5	자주점검	– 자주점검 기준서 작성 – 눈으로 보는 관리 추진 – 사용부문과 보전부문 업무분담 명확화	• 자주점검 기준서 • 개선대책서	
6	자주보전의 시스템화	– 현장관리항목 표준화 – 예방보전(PM) 분석 – 설비 정도 점검 – 추진현황 게시판 관리 실시	• 각종 설비관리 기준 표준서 • 자주보전 시스템 진단서	1~5단계까지 자주보전 유지단계
7	자주관리	– 준비시간 최소화 추진 – 불필요한 대상물 제거 – 품질부적합 최소화 – 작업표준 개정	• 작업표준서 • 분임조활동 일지 • 분임조활동 사례집	

5. TPS와 JIT

1) TPS

도요타생산시스템인 TPS(Toyota Production System)는 일본 도요타자동차 회사가 지난 30여 년 동안 연구개발해 성공한 도요타자동차만의 독특한 생산방식이다. 이 생산방식은 기본적으로 산업공학(IE : Industrial Engineering) 이론을 기초로 하고 있는데 이론을 먼저 구축해 현장에 적용하는 방식이 아니라 실제 생산현장에 적용한 내용을 이론화하였다는 데 가장 큰 의의가 있다.

TPS의 특징은 우선 경영과 직결되는 전사적 활동이라는 것이다. 작업자 증가나 감소와 관련해 TPS는 단순히 인건비만을 고려하지 않는다. 인건비 외에 공간(Space), 팰릿(Pallet), 컨베이어(Conveyor), 창고 등 종합적인 사항을 고려해 판단한다. 필요한 것을 필요한 때 필요한 만큼 만든다는 사고를 갖고 생산활동을 전개한다.

둘째는 사실과 과학적 태도를 중시한다. 부적합발생 시 데이터만 갖고 판단하지 않으며, 실제 부적합이 발생한 현장을 직접 찾아가 근본원인을 파악한다.

셋째, 현장 중심의 관리방식이다. 도요타자동차의 모든 관리방법은 현장을 중심에 놓고 수립되며, 실시된다. 관리부문은 현장지원을 위한 부문이지 현장을 지휘, 감독하는 조직이 아님을 강조한다.

넷째, 경제성을 바탕으로 판단한다. 공수 1명을 줄이기 위해 장비를 투입할 수도 있지만 새로운 장비투입보다는 공정변경 등의 방법을 통해 투자 없이 공수를 절감하는 방식을 지향한다. 즉, 투자를 통한 큰 개선보다는 투자 없는 또는 적은 투자를 통한 작은 개선을 중요하게 생각한다.

다섯째, 변화에 탄력적으로 적응한다. 계획은 언제나 변경될 수 있기 때문에 계획변경 시 신속히 대응할 수 있는 체제 구축에 주력한다. 이를 위해 3불(불합리, 불필요, 불균일) 활동을 추진, 변화에 빨리 대응할 수 있는 기업 체질을 만들어 나가고 있다.

여섯째, 실천적 공수절감운동이다. 성력화(省力化 : 작업자들의 공수를 조금씩 줄이는 것)보다는 성인화(省人化 : 작업자 수를 줄이는 것)를 지향한다. 작업자 10명의 공수가 조금씩 줄어도 결국 10명의 인건비는 고정비로 발생하기 때문에 효과라고 보기 어렵다. 10명이 하던 일을 9명이 해야 진정한 공수절감 효과가 발생하게 된다.

2) JIT

적기생산을 말하는 JIT(Just In Time)는 적시에 원자재를 받아 가공하고, 적시에 가공부품을조립하고, 적시에 조립부품을 완제품으로 조립하여 적시에 인도(판매)하는 것을 말한다. 일반적으로 JIT를 간판방식으로 알고 있는데 정확하게 말하면 JIT를 실현하기 위한 하나의 방법으로 도요타자동차가 고안해낸 방법 중 하나가 간판방식이다.

간판방식은 현재의 재고, 가공, 출하 상태를 각종 간판(납품간판, 작업지시간판, 회수용간판, 신호간판 등)을 사용해 실시간으로 파악하는 것으로 JIT를 실현하기 위한 수단이다. 간판방식은 내 공정에서 만든 가공품을 후 공정에 보내는 것이 아니라 후 공정에서 요구한 수량만큼을 내 공정에서 가공해 보낸다는 것이 기본사고이다. JIT의 중점추진항목은 〈그림 5-13〉과 같다.

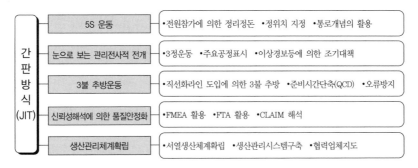

〈그림 5-13〉 간판방식 적용을 위한 중점추진항목

현장 혁신 ABC①

현장 혁신을 위한 **개선기법 ABC**

발행일 2007년 6월 30일 초판 1쇄 발행
　　　　 2015년 8월 21일 초판 10쇄 발행
저　자 김창남
발행인 박재우
발행처 한국표준협회미디어
출판등록 2004년 12월 23일 (제2009-26호)
주소 서울 금천구 가산디지털1로 145
　　　 에이스하이엔드타워3차 1107호
전화 (02)2624-0383
팩스 (02)2624-0369
이메일 book@ksamedia.co.kr

ISBN 978-89-92264-04-4　94320
ISBN 978-89-92264-03-7 (세트)

정가 13,000원